Jutta Radel (Hrsg.)

Mein Weihnachtsbuch

Jutta Radel (Hrsg.)

Mein Weihnachts-buch

RAVENSBURGER BUCHVERLAG

Mit Bildern von Christine Georg

Originalausgabe als Anthologie
als Ravensburger Taschenbuch
Band 2050
erschienen 1996
Erstmals in den Ravensburger
Taschenbüchern erschienen 1987
unter dem Titel „Mein erstes
Vorlesebuch Weihnachten"
(als MET 6062)
© dieser Ausgabe 1987
Ravensburger Buchverlag

Quellennachweis: siehe Seite 190

Umschlagillustration: Christine Georg

 RTB-Reihenkonzeption:
Heinrich Paravicini, Jens Schmidt

**Gesamtherstellung: Appl, Wemding
Printed in Germany**

6 5 4 3 2 1   01 00 99 98 97 96

ISBN 3-473-52050-0

VORLESEBUCH

2. Teil | Vor langer Zeit in Bethlehem

Zum Geleit

Im weißen Pelz der Winter
steht lang' schon vor der Tür.

„Ei, guten Tag, Herr Winter,
das ist nicht hübsch von dir!
Wir meinten, du wärst, wer weiß, wie weit;
da kommst du mit einmal hereingeschneit.
Nun, da du hier bist, da mag's schon sein,
aber was bringst du uns Kindern herein?"

„Was ich euch bringe, das sollt ihr wissen:
Fröhliche Weihnacht mit Äpfeln und Nüssen
und Schneeballen,
wie sie fallen,
und im Jänner
auch Schneemänner."

Eigentlich ahnen die Kinder längst, daß der Winter bald kommen wird; schon eine Weile werden die Tage merklich kälter. Und jeden Abend wird es ein bißchen früher dunkel.

Dann steht er doch überraschend vor der Tür, der Winter, eingehüllt in seinen weißen Pelz, wie Hermann Kletke ihn in seinem Gedicht „Winters Ankunft" beschreibt. Kälte bringt er mit sich, Schnee und neues Spielvergnügen.

Weihnachtsahnen und Weihnachtsstimmung breiten sich aus. Keine andere als die Adventszeit ist mehr dazu angetan, Wünsche wach werden zu lassen. Sehnsüchte entfalten sich und heimliche Träume. In unendlich vielen Geschichten finden die vielfältigen Weihnachtserwartungen ihren Niederschlag. Das ist schön, denn an den langen Nachmittagen und Abenden im Dezember sind die Kinder nur zu gerne bereit, zuzuhören. Sie freuen sich auf jede neue Geschichte und lieben besonders solche, die sich um Weihnachten ranken.

Die Texte in diesem Buch gehen auf die Neugierde der Kinder ein und auf ihre Gabe, zuzuhören. Sie erzählen von Wünschen und Hoffnungen, vom Schenken und vom Erfüllen. Dem Nikolaus sind Geschichten gewidmet, dem allerkleinsten Tannenbaum, den Tieren im Wald und natürlich dem Christkind. Die sprechenden Tiere in der Heiligen Nacht kommen zu Wort, allerlei Spielzeug wird beseelt und lebendig.

Einen besonderen Stellenwert nehmen die Erzählungen und Legenden ein, die nach Bethlehem führen, zur Weihnachtsgeschichte, wie sie sich vor 2000 Jahren zugetragen hat. Hirten und Kinder, Gaukler, die Nichtbeachteten und Unscheinbaren nehmen an der Geburt des wunderbaren Kindes teil, nicht zuletzt die Könige aus dem Morgenland.

Weihnachten und vieles, was sich um das Fest herum abspielt, wird in diesem Buch lebendig und möchte Eltern und ihre Kinder durch die Advents- und Weihnachtszeit begleiten.

Jutta Radel

Josef Guggenmos

Warum es keine Weihnachtslärche gibt

„Herbst, was hast du uns mitgebracht?" riefen die Bäume.

„Mitgebracht?" brummte der Herbst.

„Die andern haben uns die herrlichsten Dinge geschenkt!" schallte es von allen Seiten. „Der Frühling hat uns allen herrliche grüne Kleider gegeben!"

„Dazu hat er uns mit schneeweißen Blüten überschüttet!" riefen Birnbaum, Kirschbaum und Pflaumenbaum.

„Mich hat er mit rosafarbenen Blüten geschmückt!" rief der Apfelbaum.

„Mir hat er tausend rote Blütenkätzchen geschenkt!" rief die Fichte.

„Mir hat er auf jeden Zweig prächtige Blütenkerzen gesteckt!" rief die Kastanie.

„Und der Sommer!" riefen die Bäume. „Der Sommer hat uns Früchte gegeben!"

„Mich hat er mit blauen, weiß bereiften Kugeln behängt!" rief der Pflaumenbaum.

„Mich mit wunderhübschen roten!" rief der Kirschbaum.

14

„Uns hat er große, saftige Früchte beschert!" riefen Birnbaum und Apfelbaum.

„Mir hat er zierliche Zapfen auf die Zweige gesteckt!" rief die Lärche.

Die Bäume konnten nicht genug den Frühling und den Sommer loben.

„Und du, Herbst", riefen sie, „du nimmst uns die Früchte! Und was gibst du uns dafür?"

„Ich habe nichts mitgebracht. Ich kann euch nichts geben", brummte der Herbst. „Ihr habt eure grünen Kleider noch, seid zufrieden!"

„Ach, unsere grünen Kleider", hieß es. „An denen haben wir uns längst satt gesehen!"

Die Bäume standen still und traurig, bis sich eine helle Stimme vernehmen ließ: „Kannst du uns nicht wenigstens die Kleider färben? Ich wünsche mir ein goldenes!"

Alle schauten auf die Birke, die gesprochen hatte. Dann brach ein Sturm los: „Herbst, du mußt uns die Kleider färben!"

„Ich wünsche mir ein rotes Kleid!" rief der Kirschbaum.

„Ich ein braunes!" rief die Eiche.

„Ich ein violettes!" rief die Tanne.

„Ich ein ockerfarbenes!" rief die Lärche.

„Ich ein buntes!" rief der Ahorn.

Der Herbst schüttelte sein Haupt. „Ich würde euch gerne den Gefallen tun", sagte er. „Aber was würde der

Winter dazu sagen, wenn er kommt? Er würde toben! Ich kenne ihn: Er ist für das Schlichte, alles Buntscheckige ist ihm verhaßt. Nein, es kann nicht sein!"

„Oh, du willst nur nicht!" klagten die Bäume. „Der Winter hat gewiß nichts dagegen, wenn wir bunte Kleider tragen!"

„Wir können ihn ja fragen", entschied der Herbst. Und er befahl dem Wind, eilig zum Winter zu laufen.

Bis zum Winter war es ein weiter Weg. Der Wind rannte durch die Straßen der Dörfer und Städte, über die Fluren, durch die Täler, über die Höhen.

Keuchend kehrte er zurück. „Der Winter ist außer sich", berichtete er. „Er droht, allen Bäumen den Kragen umzudrehen, wenn er jeden in einem andersfarbigen Kleid vorfindet."

Die Bäume steckten die Köpfe zusammen. Schließlich machten sie dem Herbst einen Vorschlag: „Gib unsern Blättern und Nadeln schöne Farben! Wir versprechen dir, sie alle abzuwerfen, ehe der Winter kommt, dann hat er keinen Grund, sich zu beschweren. Der Frühling gibt uns später wieder neue Kleider."

„Hm", meinte der Herbst, „dann steht ihr ja alle kahl da, wenn der Winter kommt. Ob er damit einverstanden sein wird? Ich glaube kaum. – Lauf, Wind, und frage ihn."

Der Wind stöhnte, weil er den weiten Weg noch einmal machen mußte. Fauchend und heulend fuhr er über das Land, bis er dorthin gelangte, wo der Winter wohnte.

Der Winter erklärte: „Wenn den Bäumen so viel an bunten Kleidern gelegen ist, sollen sie ihre Freude haben! Aber ein Teil von ihnen muß grün bleiben. Ich will an Weihnachten nicht nur kahle Zweige sehen! Wind, höre gut zu, was ich dir sage! Die Laubbäume können sich ihr Laub vom Herbst färben lassen, wenn sie wollen; sie müssen es nur abgeworfen haben, bis ich komme. Die vier Nadelbäume aber – hast du verstanden? –, die vier Nadelbäume müssen grün bleiben. Wehe dir, wenn du meinen Befehl nicht ordentlich weitergibst!"

Der Wind, den schon der Herbst so viel herumgeschickt hatte, wollte wenigstens zur Zeit des Winters seine Ruhe haben. Er nahm sich daher vor, seine Botschaft an die vier Nadelbäume genau auszurichten. Als er zurückkam, rief er sogleich:

> „Fichten, Tannen, Kiefern, Föhren,
> ihr vier habt mir zuzuhören!
> Bleibet grün, so wie ihr seid,
> grün, grün, grasgrün allezeit!
> Dieses muß ich euch berichten,
> Tannen, Kiefern, Föhren, Fichten!"

Der Wind war überzeugt, seine Sache gut gemacht zu haben. Doch als der Winter kam und sich umschaute, da verfinsterte sich sein Gesicht. Er brüllte: „Wind, was habe ich dir aufgetragen?" und zeigte auf die Lärche, die mit kahlen Zweigen dastand. Unter ihr lagen die ockerfarbenen Nadeln verstreut, die sie abgeworfen hatte wie die Laubbäume ihr Laub.

„Aber ich habe doch ausdrücklich allen vier Nadelbäumen befohlen", stotterte der Wind, „der Fichte, der Tanne, der Kiefer, der Föhre …"

„Und die Lärche?" brüllte der Winter.

Da ging dem Wind plötzlich ein Licht auf: Er hatte die Kiefer, die auch Föhre heißt, zweimal genannt und die Lärche vergessen …

Ja, hätte der Wind damals nicht einen Fehler gemacht, könnten wir uns als Weihnachtsbaum eine kleine Lärche statt der Fichte oder Tanne ins Zimmer holen.

Aber seien wir dem Wind nicht auch noch böse. Er ist bestraft genug. Hört nur, wie ihn der Winter draußen durch die Gegend jagt!

Es schneite seit einer Weile nicht mehr. Die Welt war weiß, sie war still und friedlich. Vergnügt kehrte Hörbe nach Hause zurück. Er bog um die Brombeerhecke und trat auf die kleine Lichtung hinaus: da verschlug es ihm fast den Atem.

Zwottel, der Zottelschratz aus den Worlitzer Wäldern, hing in den Zweigen der alten Fichte hinter dem Hutzelmannshaus – und was tat er dort oben?

Er rüttelte an den Ästen und schüttelte Berge von Schnee herunter!

„Oho!" rief Hörbe verdutzt. „Was soll das nun wieder?"

„Na – was wohl?" krähte der Zottelschratz. „Unsereins schi-scha-schüttelt ein bißchen Schnee von den Zweigen, da werden wir's unterm Reisighaufen hübsch warm haben, wenn es draußen kälter wird!"

„Aha", brummte Hörbe. „Und daß du uns mit dem vielen Schnee auch den Eingang zuschüttest – daran hast du wohl nicht gedacht?"

„Nö", sagte Zwottel mit einem Achselzucken. „Unsereins kann eben nicht an alles zugleich denken, Hutzelmann. Außerdem läßt sich der Eingang ja wieder freischaufeln – oder?"

„Und wer soll das tun?"

„Na, ich denke: das könntest du tun. Man muß sich ja die Arbeit teilen – du selbst hast es mir oft gesagt!"

„Das könnte dir wohl so passen!"

Hörbe warf einen Schneeball nach Zwottel und traf ihn genau an der linken Achsel.

„Ui!" kreischte Zwottel auf, damit hatte er nicht gerechnet. Erschrocken ließ er den Ast los, an dem er hing, – und plumps! lag er unten, im tiefen Schnee.

„Soll das vielleicht ein Spaß sein?!"

Er hatte Mühe, sich wieder hochzurappeln – da traf ihn der nächste Schneeball, zur Abwechslung auf den Bauch.

„Na warte, das kriegst du zurück!"

Was Hörbe konnte, konnte der Zottelschratz schließlich auch!

Nun flogen die Schneebälle hin und her, daß es nur so pfatschte.

Die Freunde quietschten, die Freunde lachten. Sie ächzten und krächzten, sie husteten, prusteten, schluckten und spuckten – bis dann mit einem Mal eine laute Polterstimme dazwischenrief: „Heda, ihr beiden! – Seid ihr verrückt geworden?"

Der Nörgelseff! Zufällig war er mit einem Schlitten voll Brennholz vorbeigekommen.

„Was treibt ihr da?" knurrte er tadelnd. „Wißt ihr nicht, werte Nachbarn, daß Übermut selten gut tut? Der Winter ist eine schwierige Jahreszeit. Das muß man sich immer vor Augen halten – besonders bei uns hier, im Siebengiebelwald!"

Winfried Wolf | Der kleine Nikolaus

Am Nikolausabend sprang plötzlich die Tür auf – ein sehr, sehr kleiner Nikolaus kam herein!

Er hatte meinen dicken Wintermantel an, den er auf dem Boden hinter sich herzog. Mein einziger Hut war ihm über Stirn und Ohren gerutscht. In einer Hand hielt er einen Müllsack, in der anderen einen alten Reisigbesen.

Der kleine Nikolaus schlurfte auf mich zu – in meinen Winterstiefeln! –, blieb vor mir stehen und sagte mit einer tiefen Stimme:

„Bist du der Vater von Felix und Clemens?"

Ich nickte.

„Aha", brummelte der kleine Nikolaus, kramte dann ein altes Heft aus dem Müllsack und sagte: „Leider, leider sehe ich da viele große Sünden! Zum Beispiel gibst du deinen Kindern viel zu wenig Süßigkeiten. Außerdem schickst du sie zu früh ins Bett, und fernsehen dürfen sie auch sehr selten. Und was ganz Schlimmes: Du spielst zu wenig mit ihnen!"

Jetzt machte der kleine Nikolaus den Müllsack auf und sprach:

„Zur Strafe stecke ich dich nun in den Sack!"

Folgsam stieg ich in den Sack, aber er reichte mir nur an die Knie. Der kleine Nikolaus war sprachlos.

„Na gut", brummte er dann, „diesmal hast du Glück gehabt, doch um die Rute kommst du nicht herum!"

„Nein", schüttelte ich den Kopf, „ich glaube nicht, daß du der richtige Nikolaus bist!"

„Wieso nicht?" fragte er erstaunt.

„Weil der richtige Nikolaus nicht bestraft, sondern lobt und etwas Schönes mitbringt", antwortete ich. „Der wirkliche Nikolaus", erzählte ich, „war nämlich ein sehr guter Mensch. Und weil er besonders die Kinder liebte und sie beschenkte, feiern wir jedes Jahr zu seinem Andenken das Nikolausfest."

„Aber der Nikolaus hat doch eine Rute!" rief der kleine Nikolaus.

„Nein", sagte ich, „der richtige Nikolaus war ein Bischof und trug deswegen immer einen Bischofsstab mit sich. Die Rute haben Väter und Mütter dazuerfunden, die glauben, daß ihre Kinder nur gehorchen, wenn man ihnen angst macht."

„Und der richtige Nikolaus", fragte der kleine Nikolaus, „beschenkt auch die Kinder, die nicht immer so brav waren?"

„Natürlich", erwiderte ich, „schließlich sind die Erwachsenen ja auch nicht immer nur brav."

„Und das stimmt wirklich, daß auch die nicht so braven Kinder ein Geschenk bekommen?" wollte der kleine Nikolaus wissen.

„Ja", bestätigte ich, „das ist wahr."

„Also gut", sagte der kleine Nikolaus da erleichtert, „ich bin nämlich gar nicht der richtige Nikolaus, ich bin der Clemens. Aber du hast mich nicht erkannt, oder?"

„Nein", wehrte ich ab, „darauf wäre ich nie gekommen, daß du der Clemens bist!"

„Gut", sagte der kleine Nikolaus Clemens, „dann hole ich jetzt schnell den Felix, und dann soll der richtige Nikolaus kommen, ja!"

Regine Schindler | Der Nikolaus vom Eiger

Der Nikolaus wohnt weit weg von hier, hoch oben in den Bergen. Er sitzt am Eingang seiner Wohnung. Er schaut hinaus und freut sich an der warmen Herbstsonne. Vor ihm liegt der Perückensee; um den kleinen See stehen knorrige alte Bäume, an denen Perücken und Bärte für die kleinen Zwerge wachsen. Der Nikolaus selbst aber streicht sich über seinen ganz echten Bart und schaut in die Ferne, weit über den Perückensee hinweg. Hinter sich in der Tiefe des Berges, der seine Wohnung ist, hört er die Zwerge arbeiten. Sie füllen schon jetzt die Säcke, die der Nikolaus im Winter zu den Kindern bringen soll.

Der Nikolaus wirft gelegentlich einen Blick in sein Giraffenfernrohr mit dem langen, langen Hals. Er sieht die Kinder in weiter Ferne. Er sieht sie in Bern zur Schule gehen, er sieht sie in Zürich mit Bauklötzen spielen und sieht sie auch ganz winzig klein in Deutschland. Und da bekommt der Nikolaus große Sehnsucht nach diesen Kindern, denn er hat sie noch viel lieber als seine Diener, die Zwerge.

Er spürt: Ich kann nicht bis zum Winter warten. Ich möchte sie vorher besuchen und einfach bei ihnen sein. Ganz langsam und leise steigt er von seinem großen Berg Eiger hinab zum Dorf. Natürlich zieht er seinen

Kapuzenmantel nicht an. „Die sollen mich nicht erkennen", denkt er. Aber einen Sack hat er mitgenommen. Er wandert immer weiter abwärts. Das Tal wird breiter; die Berge rechts und links sind weniger hoch. Er freut sich an den bunten, trockenen Blättern auf dem Boden. Sie rascheln schön, wenn er durch sie hindurch schlurft. Der Nikolaus lacht. „Wie schön ist der Herbst", denkt er. „Ich bin eigentlich dumm, daß ich immer nur im Winter zu den Menschen gegangen bin. Ich habe zwar die bunten Blätter durch mein Fernrohr gesehen, aber dieses Rascheln und den Geruch der frischen Äpfel kannte ich bis jetzt nicht."

Bald ist der Nikolaus bei den Seen, in den Städten. Er hört den Menschen zu, er stellt sich an den Rand des Schulhofs, er geht in die großen Supermärkte, er setzt sich am Sonntag morgen in eine Kirche. Er versteht die Sprache der Kinder in allen Städten, einfach weil er der Nikolaus ist. Und weil er die Sprache der Kinder so viel besser kann als jene der Erwachsenen, versteht er in der Kirche den Pfarrer nicht und hört dafür dem leisen Flüstern der Kinder zu.

„Kennst du den da vorn?" fragt eine Stimme.

„Nein, aber er hat ein Gesicht wie der Nikolaus."

„Find ich auch. Doch der Mantel, der Sack und die Rute?"

„Vielleicht ist er unterwegs, um nachzuschauen, ob wir brav sind."

„Oh, dann laß uns ganz still sein." Das Flüstern hinter dem Nikolaus hört auf. „Haben die Angst vor mir?" denkt der Nikolaus. Er erschrickt und wird traurig. Während des Schlußliedes stopft er den Sack in seine Jacke. Er sieht jetzt ein bißchen dick aus, aber der Sack ist wenigstens verschwunden. Langsam wandert er von der Kirche aus weiter.

Am Tag darauf kommt der Nikolaus durch eine große Stadt. Durch ein Fenster sieht er den kleinen Michael. Der Junge weint.

„Kann ich dir helfen?" fragt der Nikolaus durchs Fenster.

„O ja", sagt Michael, „ich muß aufräumen, aufräumen, aufräumen – sonst bringt mir der Nikolaus nur eine Rute."

Da klettert der Nikolaus durchs Fenster. Er räumt mit dem Jungen auf: die Legos in eine Schachtel, die kleinen Autos in eine andere, die Bauklötze in einen Sack, bis das Zimmer des Jungen herrlich aufgeräumt ist. Und schnell springt der Nikolaus wieder auf die Straße.

28 Der Junge ist sehr froh. Er sagt zu seiner Mutter: „Ein Zauberer hat mir beim Aufräumen geholfen und ist gleich wieder zum Fenster hinausgesprungen."

Da lacht die Mutter. „Du bist ein Spaßmacher", sagt sie. In der nächsten Straße trifft der Nikolaus ein kleines Mädchen. Es sitzt auf der Treppe vor der Haustür und schaut traurig auf die Straße. „Guten Tag", sagt Julia.

Der Nikolaus bleibt stehen. „Kann ich dir helfen?" fragt er.

„O ja", sagt das Mädchen. „Ich muß rechnen, rechnen, rechnen. Wenn die Mutter nach Hause kommt, soll ich mit den Schularbeiten fertig sein. Aber ich verstehe die Rechnungen nicht. Und ich möchte doch so gern, daß mir der Nikolaus den warmen roten Mantel mit dem weißen Pelzchen für meine Puppe bringt."

Julia zeigt dem Nikolaus ihr Heft. Schnell machen sie zusammen die Rechenaufgaben. Julia versteht jetzt alles gut. Sie ist sehr froh.

Die Mutter kommt bald nach Hause. Auch sie ist froh. „Julia, du bist eine kleine Zauberkünstlerin", sagt sie und zwinkert ihr zu. „Ich werde es dem Nikolaus sagen."

Der Nikolaus aber ist schon am Rande der Stadt. Er wandert auf die Berge zu, mit großen Schritten. Er spürt, der Winter ist nahe. Und er weiß: Meine Zeit ist bald gekommen.

Er kommt näher zu den Bergen, und es wird kalt. Der Nikolaus legt den leeren Sack um seine Schultern, um nicht zu frieren. Er ist müde. Aber er weiß: Ich muß mich jetzt beeilen, damit ich für den Nikolaustag bereit bin. Der Perückensee ist zugefroren, die Bärte und Perücken an den Bäumen sind steif vor Kälte.

Als der Nikolaus am Eingang des Eigers anlangt, stehen alle Zwerge vor ihm. Sie verneigen sich, aber sie machen grimmige Gesichter. Und der Nikolaus hat ein schlechtes Gewissen. Er ist ja weggelaufen wie ein kleines Kind. Er hat den Zwergen gar nichts gesagt.

„Wir haben alle Ruten kleingehackt und verbrannt, damit wir es warm haben", sagt der Oberzwerg. Und jetzt lachen alle Zwerge. Es ist ein böses Lachen, und es klingt so laut, daß der ganze Eiger zittert.

Doch plötzlich schmunzelt der Nikolaus. Er wartet, bis das böse Lachen verklungen ist, und sagt: „Ich ziehe dieses Jahr ohne Ruten los! Ich brauche nur die vollen Säcke und einen warmen roten Puppenmantel mit einem weißen Pelzchen."

Jetzt verstehen die Zwerge den Nikolaus nicht mehr. Sie werden stumm und fangen schnell an zu arbeiten. Der Nähzwerg näht den roten Puppenmantel, und die anderen beladen den großen Schlitten mit vielen Säcken.

Bald fällt der erste Schnee, und die Zwerge begleiten den Nikolaus bis ins Dorf. Dann beginnt ihr langer Winterschlaf im Eiger.

Der Nikolaus zieht durch Städte und Dörfer. Er besucht viele Kinder. Er sagt kein einziges Mal: „Du mußt bes-

ser aufräumen" oder „Mach deine Schularbeiten etwas schneller". Er weiß: Das Aufräumen ist mühsam, und die Schularbeiten sind furchtbar schwer. Seine Kapuze zieht er nicht mehr so tief ins Gesicht. Und Michael sagt zu seiner Mutter: „Ich weiß nicht, ob dies ein wirklicher Nikolaus war – er sah genauso aus wie mein Freund, der Aufräum-Zauberer." Julia aber ist überglücklich mit ihrem Puppenmantel und meint: „Lieb war er, Mama, aber ein richtiger Nikolaus war das nicht. Sein Gesicht und seine Stimme kannte ich irgendwie."

Nachdem der Nikolaus alle Sachen verteilt hat, schickt er die zwei Oberzwerge, die bis jetzt den Schlitten gezogen haben, zum Eiger zurück. „Ich will hier bleiben", sagt er und wirft den Kapuzenmantel auf den leeren Schlitten.

Die Zwerge aber sausen so schnell davon, daß sie den Mantel an der nächsten Straßenecke verlieren. Kinder finden ihn. Viele Tage lang spielen sie Nikolaus. Jedes darf den Mantel anziehen, und jedes verstellt seine Stimme tief und fragt: „Seid ihr brav gewesen, Kinder?" Dann lachen alle.

Der Nikolaus aber bleibt in der Stadt wohnen. Er lebt bei den Menschen, und am liebsten hat er die Kinder, die nicht gerne aufräumen, und die Kinder, die ihre schwere Schulaufgaben nicht verstehen. Leider wissen wir nicht genau, wo er wohnt. Aber einen richtigen Bart hat er sicher. Und vielleicht klopft er plötzlich an eure

Fenster und hilft euch, wenn es mit dem Aufräumen oder den Schularbeiten besonders schlimm ist.

P. S. – Ich habe den Nikolaus vom Eiger getroffen – Ehrenwort! Einmal in Bern, ein anderes Mal sogar in Deutschland. – Zum Perückensee, der in einem kleinen Wald weit über Grindelwald liegt, möchte ich im nächsten Sommer wieder wandern. Ob wir uns dort treffen?

Erwin Moser | Die **Weihnachts**mäuse

Im Haus der Familie Horvath gab es einen kleinen Raum, den alle Familienmitglieder „Speisekammer" nannten. Aber eigentlich war er mehr ein Abstellraum, ein Besenkammerl. Früher, zu Großvaters Zeiten, als es noch keine Kühlschränke gab, war er eine richtige Speisekammer gewesen. Nun waren die Regale der Speisekammer mit leeren Flaschen, alten Schuhen, vergilbten Zeitungen, leeren Kartons und anderem Krimskrams gefüllt. Nur in einem Fach stand noch eine lange Reihe von Marmeladegläsern.

Im Dezember, als die Tage und Nächte immer kälter geworden waren, hatten sich zwei Hausmäuse vom Dachboden in dieser Speisekammer einquartiert. Die Kälte hatte sie heruntergetrieben. Irgendwie hatten sie einen Weg in die Speisekammer gefunden. Wie – das wußten nur die Mäuse selber. Für Menschen wird es ewig unverständlich bleiben, wie Mäuse in geschlossene Räume eindringen können. Das ist das große Geheimnis des Mäusevolkes!

In der Speisekammer war es viel angenehmer als auf dem zugigen Dachboden, denn sie lag direkt neben dem geheizten Wohnzimmer. Die beiden Mäuse bauten sich

ein weiches, bequemes Nest in dem Karton mit Weihnachtsschmuck, und es gefiel ihnen recht gut in ihrer
neuen Umgebung. Der Speisezettel ließ zwar zu wünschen übrig – die Mäuse konnten nur Marmelade essen –, aber sie hatten es warm, und das war ihnen für
den Augenblick das wichtigste.

Doch dann trat ein Ereignis ein, das den beiden Hausmäusen wie ein Wunder vorkam! Einige Tage vor
Weihnachten buk Mutter Horvath große Mengen von
Weihnachtsbäckerei. Drei volle Teller mit den verschiedensten Köstlichkeiten stellte sie in das Regal in der
Speisekammer.

Als sie die Tür hinter sich geschlossen hatte, kamen die Mäuse aus ihrem Versteck hervor und begannen nach Herzenslust, die frischen Bäckereien zu benagen. Und wie hungrig sie waren! Sie konnten beinahe nicht mehr aufhören zu essen. Während die Mäuse bei ihrem Mahl saßen, öffnete sich plötzlich ganz, ganz leise die Speisekammertür. Elisabeth, die neunjährige Tochter der Horvaths, schlich herein. Sie wollte nämlich an den Bäckereien naschen und war deswegen so leise, weil es ihr die Mutter verboten hatte. Natürlich – Weihnachtsbäckerei ist für Weihnachten und für die Feiertage danach bestimmt!

Die beiden Hausmäuse bemerkten Elisabeth nicht sofort, und so konnte sie das Mädchen einige Augenblicke lang beobachten. Dann allerdings spürten die Mäuse die Anwesenheit des Menschen und huschten gedankenschnell in ihr Versteck. Elisabeth war entzückt von dieser seltenen Beobachtung. „Ihr braucht keine Angst zu haben, Mäuse!" flüsterte sie. „Ich tue euch nichts. Ich werde auch nicht verraten, daß ihr genascht habt!" Elisabeth guckte vorsichtig hinter die Kartons, aber von den Mäusen war nichts mehr zu sehen. Nicht einmal eine Schwanzspitze. Da hörte sie die Mutter ihren Namen rufen, und Elisabeth verließ rasch die Speisekammer.

In den darauffolgenden Tagen besuchte Elisabeth mindestens zehnmal die Speisekammer. Sie tat es heimlich, wenn Mutter gerade in der Küche beschäftigt war. Die Mäuse sah das Mädchen nicht mehr, aber es bemerkte mit Wohlwollen, daß weitere Bäckereien benagt worden waren. „Ich werde euch ein bißchen Wurst und Käse bringen", sagte Elisabeth einmal. „Von den vielen Süßigkeiten verderbt ihr euch sonst den Magen."

Und dann war der 24. Dezember da! Am Nachmittag besuchte Elisabeth ihre Freundin, die drei Häuser weiter wohnte, während ihre Eltern den Weihnachtsbaum schmückten.

Als Elisabeth gegen Einbruch der Dunkelheit nach Hause kam, stand bereits der Christbaum in all seiner Pracht auf dem Tisch im Wohnzimmer.

„Stell dir vor, Lisi", sagte die Mutter, „in der Speisekammer sind Mäuse! Sie haben unsere gute Weihnachtsbäckerei angefressen. Ich mußte viel davon wegwerfen. Vater hat bereits einige Mausefallen aufgestellt."

„Nein!" rief Elisabeth heftig. „Das dürft ihr nicht tun! Das ist gemein von euch!"

Mutter machte ein bestürztes Gesicht. „Aber Lisi!" rief sie.

Elisabeth lief in die Speisekammer und stieß mit einem Besenstiel die Mausefallen aus dem Regal. Sie hatte Tränen in den Augen und war sehr wütend.

Vater kam in das Zimmer. „Was ist denn hier los?" fragte er, als er seine zornige Tochter sah.

„Ich weiß nicht", sagte die Mutter ein bißchen hilflos. „Ich verstehe das nicht."

Elisabeth gab den Mausefallen Tritte. Nun heulte sie drauflos.

Vater begann schön langsam zu begreifen. „Aber Lisi", sagte er, „es ist doch nichts Ungewöhnliches, daß man Mausefallen aufstellt, wenn Mäuse im Haus sind. Mäuse sind üble Schädlinge!"

„Diese nicht!" heulte Elisabeth. „Sie haben bloß Hunger … und … und sie sind genauso von Gott erschaffen … alle Tiere sind das … und heute ist doch Weihnachten …"

Mutter und Vater sahen sich betroffen an.

„Beruhige dich, mein Sonnenscheinchen", sagte Vater milde und drückte Elisabeth an sich. „Du hast ja recht … Weißt du was? Gleich morgen früh werden wir die Mäuse gemeinsam suchen. Wir geben sie in eine Schachtel und tragen sie in die Scheune. Dort haben sie es viel schöner als in der muffigen Speisekammer. Im Stroh ist es warm, und dort finden sie auch viele Getreidekörner, so daß sie nicht hungern müssen. Einverstanden?"

Elisabeth schluchzte, aber schließlich nickte sie. Mutter drehte seufzend die Augen zum Himmel. Aber sie lächelte dabei.

Der Abend war gerettet, und es wurde noch ein schönes Weihnachtsfest. Unter den vielen Geschenken, die Elisabeth bekam, befanden sich auch eine kleine Puppenküche und ein Puppenschlafzimmer. Elisabeth war glücklich.

Als die Familie Horvath schlafen gegangen war und im Haus alles still war, kamen die zwei Mäuse aus der Speisekammer in das Wohnzimmer geschlichen. Die Horvaths hatten nämlich vergessen, die Speisekammertür zu schließen.

Die Hausmäuse schnupperten. Zweierlei rochen sie: würzigen Tannennadelduft vom Christbaum und, etwas feiner, die Weihnachtsbäckerei, die auf dem Tisch unter dem Baum stand. Beide Düfte gefielen ihnen außerordentlich, und sie kletterten auf den Tisch und aßen sich noch einmal satt. Dann huschten sie durch das Wohnzimmer, berochen dies und jenes und schlüpften schließlich in Elisabeths Zimmer. Dort fanden die Mäuse in einer dunklen Ecke das Puppenschlafzimmer. Und weil sich das kleine Puppenbettchen so einladend weich anfühlte, krochen sie hinein und waren kurz darauf ebenfalls eingeschlummert …

Lisbeth Kätterer | ### Die Weihnachtskatze

Der kleine Georg zupft an Großvaters Hosenbein.
„Bitte, erzähle mir eine Geschichte!"

„Geh zur Großmutter", brummt der Großvater.

„Aber sie ist doch weggegangen. Sie muß dem Christkind helfen."

„Natürlich, das habe ich ganz vergessen. Weißt du, wo sie das Märchenbuch hingelegt hat?"

„Nein. Aber das macht nichts. Erzähle mir bitte die Geschichte von deiner Weihnachtskatze!"

„Die kennst du ja schon längst!"

„Ich höre sie aber gern hundertmal. Soll ich für dich anfangen?" Georg kuschelt sich auf Großvaters Knien zurecht.

„Als du ein kleiner Junge warst wie ich, heizte man die Zimmer nicht wie heute mit Öl, Gas oder elektrischen Öfen. Bei dir daheim stand ein grüner Kachelofen."

„Ja", sagt der Großvater und nimmt Georgs Faden auf: „Der fraß viel Holz. Ich mußte ihn immer füttern. Oft durfte ich das Feuer ganz allein bereitmachen. Die Eltern hatten es mir gezeigt.

Einmal, an einem Weihnachtsmorgen, war es sehr kalt im Zimmer, als ich erwachte. Draußen schneite es. Die

41

Eltern schliefen noch. Ich wollte meine Schwester wecken. Aber sie vergrub sich in ihre Kissen. Niemand war da, mit dem ich hätte sprechen oder spielen können. Schlafen mochte ich nicht mehr.

Was sollte ich tun? Ich beschloß zu heizen und huschte zum grünen Ofen hinunter. Vorsichtig schüttelte ich die Asche in die Aschenschublade. Leise zerknüllte ich eine Zeitung und legte fein gespaltenes Holz darauf. Bald knisterte das Feuer. Aber ich fror noch immer. Zudem hatte ich Hunger.

Ich könnte mir mein Frühstück selber kochen, dachte ich. Die Milch war noch im Kessel vor dem Gartentor. Wie unangenehm! Ich mußte in die Kälte hinaus. Weißt du, früher brachte der Milchmann mit seinem Pferd und Wagen die Milch vor das Haus.

Als ich die Tür öffnete, stand eine kleine Katze im Schneetreiben vor mir. Ihr Fell war schwarz. Die Schwanzspitze und die Pfoten waren weiß. Es sah aus, als trüge sie Pantöffelchen. Zudem zierte ein weißer Fleck ihre Brust – als hätte sie sich eine Serviette umgebunden. Wie vornehm sie aussah!

Aber was fehlte ihr denn? Sie miaute laut und kläglich. Sie begleitete mich, als ich die Milch vor dem Gartentor holte, und kam ganz selbstverständlich mit mir zurück ins Haus. Ich schloß die Tür: ‚Liebe, kleine Weihnachtskatze!' Immer wieder strich sie um meine Beine. Ich fror jetzt nicht mehr. ‚Willst du Milch trinken?'

Ich füllte ihr einen Teller und goß etwas warmes Wasser hinein. Gierig leckte sie das Getränk.

Ich beobachtete sie dabei und vergaß, daß ich selber Hunger hatte.

Nachdem der Teller leer war und das Bäuchlein meiner Weihnachtskatze gefüllt, setzte sie sich zum Ofen und putzte sich.

Ich hockte mich zu ihr auf den Boden und streichelte sie.

‚Wie heißt du?' Als Antwort schnurrte sie behaglich.

‚Schnurri? Nein, das ist zu gewöhnlich! Vielleicht Sebastian? Nein, du bist kein Kater. Vielleicht Lukrezia oder Ancilla?'

Sie schwieg und schaute mich mit halb zugekniffenen Augen an.

43

‚Weißt du was? Für mich bist und bleibst du einfach die Weihnachtskatze!' Damit schien sie zufrieden.

‚Miau', antwortete sie und schloß die Augen. Wir schliefen beide auf dem Boden ein und erwachten erst, als die Mutter rief: ‚Was liegt denn da für eine Weihnachtsüberraschung?'

Wir durften noch eine Weile miteinander spielen. Aber dann meinte die Mutter: ‚Laß das Tier wieder hinaus. Bestimmt gehört es jemandem!'

Nur ungern öffnete ich die Tür. Die Weihnachtskatze ging weg, ohne sich nach mir umzudrehen.

Aber schon wenige Minuten später miaute sie wieder laut vor dem Haus und begehrte Einlaß."

„Wie lange blieb die Weihnachtskatze bei dir? Durftest du sie jetzt behalten?" fragt Georg.

„Leider nein", antwortet der Großvater und gähnt, „weißt du nicht mehr, wie die Geschichte weiterging?"

„Doch. Bist du müde?" Georg rutscht von Großvaters Knien und setzt sich auf den Boden.

„Soll ich für dich weitererzählen?"

Großvater nickt, und sein Enkel fährt fort: „Nach einigen Tagen, die Weihnachtskatze hatte sich bereits bei euch eingewöhnt, kam eine aufgeregte Frau: ‚Ich heiße Blumer. Haben Sie eine schwarze Katze gesehen mit weißen Pfoten, einem weißen Brustlatz und einer weißen Schwanzspitze?'

44 Deine Mutter führte die Frau in die Stube, wo deine Weihnachtskatze zufrieden vor dem Ofen schlief.

‚Gott sei Dank!' rief Frau Blumer aus, ‚da bist du ja!'

Und sie erzählte: ‚Meine Nachbarin, Frau Gubler, fuhr über die Weihnachtstage in die Ferien. Ich versprach, ihre Katze Anastasia zu hüten. Dabei ist sie mir entwischt. Was habe ich sie überall gesucht!'

Du warst sehr traurig, als Frau Blumer die Weihnachtskatze noch am selben Abend abholte.

Aber als Frau Gubler zurück war, durftest du sie besuchen und oft mit deiner Anastasia-Weihnachtskatze spielen."

„O ja!" Jetzt war Großvater wieder hellwach und munter geworden: „Und ich weiß noch, wie entsetzt Frau Gubler war, als Anastasia im Lauf des kommenden Sommers immer dicker wurde. ‚Die wird mir doch keine Jungen werfen!'

Ich war ganz aufgeregt: ‚Mutter, darf ich ein Kätzlein behalten, falls Anastasia welche bekommt?'

Die Mutter sagte zwar ja. Aber ich glaube, sie war doch erleichtert, als Anastasia im Herbst plötzlich unauffindbar blieb. Ich war sehr betrübt …

Doch eines Tages kam Rolf. Das war mein Spielkamerad und Sohn des Bauern, der in der Nähe von uns sein Gehöft hatte.

Rolf rief: ‚Denk dir, die Anastasia der Frau Gubler hat drei Junge in unserem Heu versteckt!'

Natürlich rannte ich sofort hin. Das Versprechen meiner Mutter hatte ich nicht vergessen.

Da lag meine Weihnachtskatze mit drei allerliebsten

45

Herbstjungen: Das eine war graugetigert, das andere hatte bunte Flecken, und das dritte – ich traute meinen Augen kaum – war die verkleinerte Ausgabe meiner Weihnachtskatze!

Frau Gubler war inzwischen mit dem Bauern auch zum Katzenwochenbett getreten. Sie hatte keine so große Freude wie ich! ,Was soll ich nur mit diesen Jungen tun?' fragte sie ratlos.

,Ich darf eine haben!' rief ich, ,die Mutter hat es erlaubt!'

,Aber die beiden anderen? Könnten Sie die Tiere für mich beseitigen?' wandte sich Frau Gubler an den Bauern.

Der besann sich: ,Nun, eine oder zwei Katzen mehr auf unserem Hof, das spielt keine Rolle. Einen Tiger und einen Flecki können wir zum Mausen noch brauchen. Was meinst du, Rolf?'

Wir Buben waren überglücklich, und Frau Gubler atmete hörbar auf.

Schon wollte ich mein kleines Herbst-Weihnachtskätzlein aufheben und heimtragen. Aber der Bauer wehrte energisch ab: ,Laß das sein! Es ist viel zu früh, um die Jungen von ihrer Mutter zu trennen. Schau, sie trinken noch Milch bei ihr; und wenn sie größer sind, bringt sie ihnen das Mausen bei. Die Katzenfamilie bleibt vorläufig hier im Heu. Ihr beiden Buben bringt Anastasia abwechslungsweise jeden Tag etwas Milch. Aber laßt

die Jungen dabei in Ruhe. So gewöhnen sie sich am besten an euch.

Gegen Weihnachten hin werden sie selbständig und sauber sein. Dann soll Frau Gubler ihre Anastasia wieder holen und dir dein Kätzlein bringen. Bestimmt spielt es gern mit dir!'"

Der Großvater zwinkert mit den Augen: „Muß ich noch erzählen, daß Frau Gubler in den kommenden Weihnachtstagen nicht in die Ferien fuhr?"

Georg lacht: „Nein! Und ich weiß auch, daß du seit jener Zeit am Weihnachtsmorgen immer die Haustür öffnest."

„Ja", sagt der Großvater, „heute bist du gekommen!"

„Bin ich deine Weihnachtskatze?"

„Natürlich", antwortet der Großvater, „es ist auch höchste Zeit, deine Milch zu wärmen. Ich glaube, ich höre die Großmutter kommen."

Irina Korschunow | **Steffi** feiert **Weihnachten**

Steffi wünscht sich zu Weihnachten das rote Schaukelpferd aus dem Kaufhaus.

„Male es doch auf deinen Wunschzettel", sagt die Mutter. Steffi nimmt ein Blatt Papier und malt ein großes
rotes Pferd mit einer schwarzen Mähne.

„Jetzt bekomme ich das rote Pferd zu Weihnachten",
sagt sie zu Muckel Schlappohr.

Muckel Schlappohr nickt, und Steffi freut sich auf
Weihnachten.

Am Tag vor dem Heiligen Abend gehen die Mutter und
Steffi noch einmal ins Kaufhaus.

Da sieht Steffi das rote Pferd. Es steht an dem gleichen
Platz wie früher. Auf seinem Rücken schaukelt ein
fremdes Kind.

„Das ist mein Pferd!" ruft Steffi. Sie will das Kind weg-
schubsen. Doch die Mutter hält Steffi fest.

„Das ist nicht dein Pferd, Steffi", sagt sie.

„Ich habe es doch auf meinen Wunschzettel gemalt!"
ruft Steffi.

„Aber du hast es noch nicht bekommen", sagt die Mutter. „Es steht hier im Kaufhaus, und das Kind darf darauf reiten."

Steffi ist traurig. Sie freut sich nicht mehr auf Weihnachten. Sie denkt nur an das Pferd und an das fremde Kind.

Am Heiligen Abend klingelt der Vater mit dem Weihnachtsglöckchen. Bimmelim, macht es. Bimmelim.
Steffi geht in das Wohnzimmer. Dort brennen die Kerzen am Weihnachtsbaum. Es glitzert und glänzt und flimmert und leuchtet.
Und neben dem Baum steht etwas! Es ist rot. Es hat eine schwarze Mähne. Es ist … Es ist das rote Schaukelpferd!
„Das gehört dir, Steffi", sagt der Vater.
Da läuft Steffi zu dem Schaukelpferd hin.
„Guten Tag, rotes Pferd", sagt sie. „Jetzt bleibst du bei mir."

Einmal begegnet der Simmerl dem kleinen Michel und
sagt: „Michel, magst du etwas Schönes sehen?"

„Ei freilich!" sagt der Michel.

Da nimmt der Simmerl den Michel beim Arm, schaut
zuerst rundherum, ob niemand zuschaut, und geht
dann mit dem Michel hinter einen Busch. Dort zieht er
aus der Hosentasche etwas heraus, was in Zeitungspa-
pier eingewickelt ist. Der Simmerl tut das Zeitungspa-
pier weg, dann das weiße Einmachpapier, dann das
grüne Seidenpapier. Dann macht er ganz spitze Finger
und zeigt dem Michel ein schönes, echt ledernes
Geldtäschchen.

„Ich gebe dir meinen Spielzeugrevolver dafür!" sagt
der Michel.

„Du Narr", sagt der Simmerl, „was glaubst du denn, ich
kann doch meiner Mutter net zu Weihnachten einen
Spielzeugrevolver schenken!"

Jetzt sperrt der Michel Mund und Augen auf. „Schenkst
du deiner Mutter was zu Weihnachten?" fragt der
Michel ganz dumm.

„Ja, schenkst du ihr vielleicht nix?" fragt der Simmerl.

Jetzt dreht sich der Michel ganz beleidigt um und sagt:
„Was glaubst du denn überhaupt? Ich werd' meiner
Mutter nix schenken? Ich schenk ihr auch so ein

Geldtaschl, aber ein viel größeres, eine große Geldtasche, eine viel, viel größere, eine, wie die Kellnerinnen sie haben!"

Und schnell geht der Michel heim, geradeaus zu seiner Mutter.

„Mutter", sagt er, „ich brauch einen Schilling!"

„Und ich brauch zwei", sagt die Mutter.

„Bitte schön, Mutter!" sagt der Michel jetzt, „bitte gar schön, Mutter. Weißt, ich muß was einkaufen."

„So-o?" fragt die Mutter, „was mußt du denn einkaufen?"

Aber wie sie jetzt das kleine Bübchen anschaut, weiß sie schnell, daß sie nicht mehr weiterfragen darf, und sie gibt ihm einen Schilling in die Hand, und der Michel geht in die Stadt einkaufen.

Oh, wie wunderschön schaut die Stadt um Weihnachten aus und gar, wenn man einen Schilling in der Tasche hat! Der kleine Michel hält den Schilling fest in der Hand und geht von Auslage zu Auslage. ‚So eine Tasche ist nix Feines', denkt er und schaut eine große Torte an. Auf der Torte sind vierundzwanzig Schokoladenstückchen und in der Mitte ein ganzer Schokoladenberg. Wenn er der Mutter so eine Torte kaufte? Die Schokoladenstückchen könnte man ja herunteressen, und die Mutter hätte immer noch eine große Freude mit

dem anderen. Aber in der nächsten Auslage sieht er
einen Eisenbahnzug. Der hat sieben Wagen, und ein
Tunnel ist sogar dabei. Das würd' die Mutter gewiß
freuen, und wenn sie genug Eisenbahn gespielt hätte,
dann täte sie sicherlich alles ihm schenken, dem Michel.
Aber eigentlich wäre so ein Paar schöne Schi doch viel
gescheiter. Da könnte die Mutter bald das Schifahren
lernen, und wenn sie es nicht erlernte, dann könnte sie
die Schi ja ihm schenken.

Aber da fällt dem Michel ein, daß das alles nicht ganz recht ist, was er da denkt, und daß die Mutter eigentlich ein Seidenkleid brauchte, so ein schönes glänzendes. Und jetzt nimmt er den Schilling in die Hand, geht in das Geschäft, legt den Schilling auf den Tisch und sagt dann: „Ein Seidenkleid krieg ich!" Und wie ihn der Verkäufer dumm anschaut, sagt er: „Für meine Mutter!"

Der Verkäufer sagt sogar „Sie" zu ihm und sagt: „Für ein Seidenkleid dürfte es nicht reichen, mein Herr! Aber seidene Taschentücher vielleicht angenehm?" Und jetzt bringt er schon eine ganze Schachtel voll herbei und zupft lauter kleine Tüchlein heraus.

Aber der Michel ist ja kein Dummer, oh, der Michel versteht etwas vom Einkaufen, und er kauft ein großes, rotes Taschentuch, so groß wie ein kleines Tischtuch. Und in der Mitte ist ein Zeppelin drauf, wie er um die Welt fliegt. Und das alles kostet nur 96 Groschen, und für vier Groschen kauft der Michel noch ein Zuckerl, und dann geht er heim.

❄

Die Mutter steht gerade beim Herd und kocht und bäckt. Da springt der Michel an ihr hinauf. „Mutter!" schreit er. „Mutter, wenn du wissen tätst, was da drin ist! Oh, ich sag dir aber nix! So groß ist's!" Und er reckt die Arme aus, so weit er nur kann. „Mutter", sagt er, „bitte, Mutter, schneuz dich einmal!"

Die Mutter tut ihm den Gefallen, zieht ihr Taschentuch hervor und schneuzt sich.

„O je!" schreit der Michel und wirft sein Päckchen, in dem das rote Tüchlein ist, in die Luft: „O je, das ist gar nix! Aber du wirst sehen, wenn du dich am Heiligen Abend schneuzen wirst! Du siehst den Zeppelin, Mutter!" Und er springt und tanzt um seine Mutter und wirft dabei sein Päckchen so lange herum, bis es der Mutter in die Teigschüssel fällt. Schnell springt er hinzu. „Nein, Mutter, du darfst es nicht anrühren!" Und dann putzt er sein Päckchen ab und versteckt es unter seinem Kopfkissen. Jede Nacht schläft er jetzt auf dem großen, roten Taschentuch mit dem Zeppelin. Furchtbar langsam vergeht die Zeit, wenn man auf etwas wartet.

Endlich, endlich ist der heilige Tag da. Der Michel hat kaum schlafen können. Warum soll man da bis zum Abend warten? Er wartet nimmer. Wenn die Mutter aufwacht, dann soll sie gleich den Zeppelin sehen. Er zieht das Päckchen unter dem Kopfkissen hervor, wickelt das rote Taschentuch aus und geht hinüber zur Mutter ins Schlafzimmer.

Die Mutter hat die Augen fest zu, sie schläft. Der Michel stellt sich auf die Zehenspitzen und breitet der Mutter das rote Taschentuch über den Kopf, so daß der

Zeppelin gerade vor ihren Augen schwebt. Oh, das wird ein Aufwachen werden! Michel hält es in seinem Bett nicht mehr aus. Er versteckt sich neben dem Kleiderschrank und wartet, bis die Mutter aufwacht.

Und was für ein herrliches Erwachen war das! Oh, wie sich die Mutter freute! Wie sie das schöne Tuch immer wieder auseinanderbreitete und anschaute! Und dann am Heiligen Abend! Als das „Stille Nacht" gesungen war, wie da die Mutter sagte: „Nun, Vater, paß auf!" Und wie sie da das große Tuch schön in die Hand nahm und feierlich hineinschneuzte, schön in eine Ecke, damit ja der Zeppelin nicht beschädigt werde! Es ist nicht zu beschreiben, was für eine Freude die Mutter mit dem Zeppelintaschentuch hatte! Ja, der Michel, das war einer! Der verstand's.

Regine Schindler | **Der verschwundene** Tannenbaum

„Ich hab's doch gesagt, daß wir den Tannenbaum besser verstecken müßten", jammerte Sabine und vergrub ihr verweintes Gesicht in den Händen. Sie kauerte in einer Ecke des großen Sessels. „Dies Jahr darfst du mir beim Schmücken des Baumes helfen", hatte die Mutter gesagt. Und jetzt war alles aus. Alles!

„Hör auf, du Heulsuse! Vielleicht hat ihn der Wind vom Balkon in den Vorgarten hinuntergekippt. Ich will den Tannenbaum suchen!" Andreas rannte die Treppe hinunter, immer vier Stufen auf einmal. Aber in dem schmalen Vorgärtchen zwischen Haus und Straße war nichts vom Tannenbaum zu sehen. „Irgendwo muß er doch sein, unser Baum", sagte sich der Junge. Er blickte die Dorfstraße hinauf und hinunter, oben sah er die Kirche, die glitzernden Schaufenster, die alten, wohlgebauten Häuser, unten die vier Wohnblöcke, dahinter die Fabrik mit den Baracken der Spanier.

Andreas entschloß sich, zuerst unten zu suchen, bei den Häusern mit den vielen Wohnungen. Er wußte: er würde den Tannenbaum unter vielen kennen. Der Baum war nicht groß, aber er hatte drei Spitzen – darum hatte er ihn mit dem Vater ausgesucht.

57

Andreas schlich wie eine Katze um die vier großen Wohnhäuser herum. Er stapfte durch den Sand des Spielplatzes, der dazwischen lag und jetzt kalt und ungemütlich war. Drei Tannenbäume konnte er noch auf den Balkonen entdecken. Einer baumelte an einer Schnur von einem Fensterrahmen hinunter, offenbar, um besser versteckt zu sein. Keiner hatte drei Spitzen. Auch andere Bäume, die bereits im Kerzenlicht strahlten, hatten eindeutig nur eine Spitze. In zwei Wohnungen waren die Leute gerade mit dem Schmücken beschäftigt: Das sah man gut von außen, denn in den Häusern brannte Licht. Aber auch unter diesen zweien war der gesuchte Baum nicht.

Unglücklich strich der Junge weiter die Dorfstraße hinab auf die dunkle Fabrik zu. In den Baracken daneben brannte Licht. Aber die Spanier hatten keine Tannenbäume. Ob es ihnen wohl zu teuer war oder ob sie diesen Brauch nicht kannten? Sollte er zum hintersten Barackenfenster auch noch gehen? Laute Kinderstimmen lockten Andreas an, und er spähte neugierig durch ein niedriges Fenster, das weder durch einen Vorhang noch einen Laden verschlossen war. Ein dunkelhaariger Mann war damit beschäftigt, einen mittelgroßen Tannenbaum in einem Holzkreuz zu befestigen. Ein Junge half ihm. Das war ja Pedro, der mit Andreas in die Klasse ging, der lustige Pedro, der immer zu kurze Hosen hatte! Seine drei kleinen Schwestern schauten zu. „Hallo, Pedro", wollte Andreas rufen – da stockte sein Herz. Der Baum, der nun im Kreuz steckte und endlich stand, hatte drei Spitzen!

Andreas konnte nicht verstehen, was die Spanier sprachen. Er merkte nur, daß sie sehr fröhlich waren. Hatte Pedro kein schlechtes Gewissen? Mit Zittern klopfte Andreas an die dünne Barackentür. „Du bist ein Dieb!" wollte er Pedro ins Gesicht schreien. Er wußte: Pedro war ein guter Kletterer – sicher hatte er, dieser harmlose, lustige Pedro, den Baum vom Balkon gestohlen! Die Tür ging auf, und bevor Andreas losdonnern konnte, platzte Pedro los: „Andi, wir auch ein Tannenbaum haben, ein richtiges Tannenbaum. Ich hab gefunden mitten auf Straße. Vielleicht hat das Christkind ihn da für uns hingelegt."

Andreas bekam einen ganz trockenen Mund. Kein Wort brachte er heraus. „Christkind?" dachte er, er mußte lächeln. „Ich wünsch dir ein schönes Fest, Pedro, tschüs", sagte er nach langem Schweigen verlegen.

„Ich schenk dir was, warte!" antwortete Pedro, „eine Apfelsine – der Großvater aus Spanien geschickt hat!"

Mit der Apfelsine in der Hand schleppte sich Andreas nach Hause. Erst mühsam, traurig. Plötzlich aber fing er an zu rennen. Er begann zu lachen – „Sabine, Sabine, komm und …" keuchte er von weitem. Er wollte seiner

Schwester zeigen, wo der Tannenbaum war. Zu zweit sahen sie nun durchs Barackenfenster: Pedros ganze Familie hockte am Boden. Die Pappschachtel mit den Apfelsinen stand zwischen den Kindern.

Sabine weinte nicht mehr. „Andreas, gibt es auch Weihnachten, richtiges Weihnachten ohne Tannenbaum?"
„Ja, ganz bestimmt", antwortete der große Bruder.
Schweigend, aber zufrieden zogen sie nach Hause. Sie freuten sich auf ihre Geschenke. Ob Sabine wohl den Puppenwagen kriegte? Das riesige Paket sah genau so aus! – Andreas dachte an den dreispitzigen Tannenbaum und war glücklich. Pedro hatte sicher nicht gelogen, ganz bestimmt. Ob es wohl der Wind gewesen war?

Winfried Wolf | **Eine Weihnachtsgeschichte**

Am Nachmittag vor Weihnachten saß Clemens am Fenster und starrte traurig hinaus.

„Was ist los mit dir?" fragte ich.

„Ach", klagte er, „morgen ist Weihnachten, und es regnet und regnet! Warum schneit es nicht?"

„Weil es zu warm ist", antwortete ich. „Wenn es kälter wäre, würde es bestimmt schneien."

„Es hängt also von der Kälte ab, ob es schneit oder nicht?" fragte er.

Ich nickte.

Einen Augenblick überlegte er, dann rief er fröhlich:

„Na, dann machen wir es halt kalt! Wir stellen einfach unseren Kühlschrank ins Freie und machen die Tür ganz weit auf."

„Das ist zwar ein guter Vorschlag", sagte ich lachend, „aber das würde nicht ausreichen, leider."

„Die Erwachsenen", sagte Clemens heftig, „können doch sonst alles machen. Sie fliegen zum Mond und schicken uns Kinder in die Schule. Warum können sie nicht einfach bestimmen, daß es Weihnachten schneit?"

„Auf das Wetter haben die Erwachsenen keinen Einfluß", erklärte ich. „Und es ist auch gut so. Stell dir vor, was es dann für Streitereien gäbe! Der eine möchte es warm haben, der andere kalt, und wieder ein anderer

61

möchte gern Regen haben, damit seine Radieschen schneller wachsen."

„Na gut", sagte Clemens, „aber Weihnachten ohne Schnee ist Mist!"

„Ich verstehe schon", erwiderte ich, „aber das Christkind ist auch zur Welt gekommen ohne Schnee."

„Ist das wirklich wahr?" staunte Clemens.

„Ja, sicher", antwortete ich, „es ist in Palästina zur Welt gekommen, und dort ist es so warm, daß es nie oder fast nie schneit. Und viele Kinder auf der Welt feiern Weihnachten, ohne daß sie jemals Schnee gesehen hätten. Und sie freuen sich trotzdem! Weihnachten ist ja auch das Fest der Kinder. Es wird der Geburtstag eines Kindes gefeiert, und das finde ich schön an diesem Fest. Deswegen, meine ich, sollten alle Kinder an diesem Tag fröhlich sein, egal, ob es regnet oder schneit."

„Na ja", knurrte Clemens und stapfte davon.

„Wo gehst du hin?" rief ich hinterher.

„Auf mein Zimmer, mit dem Christkind reden!"

Am Weihnachtsmorgen zog ich gleich die Vorhänge auf. Aber alles war grau in grau, von Schnee keine Spur. Armer Clemens, dachte ich.

Doch da kam er schon ins Schlafzimmer und rief: „Du, es hat geschneit!"

„Wo?" fragte ich verwundert. „Ich sehe nichts."

„Komm mal mit!" sagte er da.

Er führte mich ins Kinderzimmer.

Der ganze Boden war übersät mit Papierfitzelchen, und an den Fenstern klebten unzählige Papierfetzen.

„Siehst du", sagte Clemens stolz, „es hat doch geschneit! Hat mir das Christkind vorgeschlagen."

„So", sagte ich verblüfft, „das Christkind!"

„Ja", bekräftigte er, „das stammt direkt vom Christkind!"

In diesem Jahr feierten wir Weihnachten im Kinderzimmer. Es war ganz besonders schön in dem vielen Schnee, der überhaupt nicht kalt war, und naß war er auch nicht!

Masahiro Kasuya | Der *allerkleinste* **Tannenbaum**

Es war kurz vor Weihnachten. Ein kleiner bunter Vogel flog zum Fest in die Stadt. Da sah er auf einem Hügel einen kleinen Tannenbaum.

„Gehst du nicht in die Stadt?" fragte ihn der Vogel.

„Nein", sagte der Tannenbaum. „Ich bin zu klein für Weihnachten." Und er brach in Tränen aus.

Der kleine Tannenbaum erinnerte sich, daß seine großen Brüder immer zu ihm sagten: „Wenn du nicht schneller wächst, wirst du nie ein rechter Weihnachtsbaum."

Eines Tages wurden sie alle zum Weihnachtsfest in die Stadt abgeholt. Da freuten sie sich sehr und hoben stolz ihre schönen Äste. Nur der kleine Tannenbaum wurde stehengelassen. Er fühlte sich jetzt sehr einsam und schluchzte: „Ach, wenn ich doch größer wäre und bei meinen Brüdern in der Stadt sein dürfte!"

„Weißt du was?" sagte der Vogel zum Tannenbaum. „Ich werde dir helfen. Ich fliege zu meinem Freund, dem Esel."

Bald darauf kam ein Fuchs vorbei. Auch er lief zum Weihnachtsfest in die Stadt.

64   „Gehst du nicht in die Stadt?" fragte der Fuchs den Tannenbaum.

„Nein, ich bin zu klein", antwortete der Tannenbaum

und mußte wieder weinen. Der Fuchs hatte noch nie einen so kleinen Baum gesehen. Aber weil er nicht wußte, wie er ihm helfen sollte, lief er weiter.

Inzwischen kam der Vogel mit seinem Freund, dem Esel, zurück.

„Du hast mir nicht gesagt, daß der Weg so weit ist", brummte der Esel. Er ärgerte sich, daß er so kurz vor Weihnachten nicht in der Stadt sein konnte. Er wollte doch nichts von dem schönen Fest versäumen.

„Siehst du, jetzt sind wir da", sagte der Vogel und zeigte mit dem Flügel auf den kleinen Tannenbaum. Der Esel mußte sich bücken, um den winzigen Baum überhaupt zu sehen. Seine Augen waren vor Überraschung weit geöffnet. Es war der kleinste Tannenbaum, den er jemals gesehen hatte.

„Wie geht es dir?" fragte der Esel höflich.

„Ach, wenn ich doch größer wäre", schluchzte der kleine Tannenbaum. „Dann wäre ich jetzt bei meinen Brüdern in der Stadt. Ich glaube, ich werde das Weihnachtsfest nie erleben!"

„Weine nicht!" tröstete ihn der Esel. „Schau da drunten die Lichter in der Stadt! Dort stehen sie alle, die vielen Weihnachtsbäume, und werden schon mit Kerzen geschmückt. Deine Brüder sind auch dabei. In jeder Stube steht ein prächtiger Tannenbaum, und darunter werden morgen die Kinder ihre Geschenke auspacken. Dann werden sie alle die schönen Weihnachtslieder singen. Hör auf zu weinen, kleiner Tannenbaum! Vielleicht bist du nächstes Jahr dabei."

Der Tannenbaum weinte aber schon nicht mehr. Die freundlichen Worte des Esels hatten ihn beruhigt.

„Ja, vielleicht nächstes Jahr …" murmelte er und schlief ein.

Der Vogel und der Esel seufzten erleichtert, und auch sie schliefen ein. Sie hatten einen langen Tag hinter sich und waren sehr müde. Und während sie schliefen, begann es leise zu schneien.

Es kam der Morgen vor dem Heiligen Abend. Der Esel und der Vogel wischten sich die Schneeflocken aus den Augen. Überall um sie herum glänzte der Schnee in der Sonne, und auch der kleine Tannenbaum war ganz mit Schnee bedeckt. Er war jetzt der schönste Tannenbaum, den man sich denken konnte. Da begannen der Vogel und der Esel ihr liebstes Weihnachtslied zu singen.

Als die anderen Tiere den Gesang hörten, verließen sie ihre Verstecke im Wald und in den Wiesen und machten sich alle auf den Weg. Auch sie wollten dort sein, wo so schön gesungen wurde. Sie versammelten sich alle um den kleinen Tannenbaum auf dem Hügel und sangen mit dem Vogel und dem Esel.

66

Inzwischen war es dunkel geworden. Die Sterne leuchteten vom Himmel herab auf den Schnee und den klei-

nen Tannenbaum. Er war jetzt der schönste Weihnachtsbaum auf der ganzen Welt.

Jetzt war der Heilige Abend da. Das Jesuskind lag in der Krippe. Maria und Joseph wachten neben ihm. Und auch die Tiere waren gekommen und fingen gleich zu singen an.
Draußen auf dem Felde aber hörte der kleine Tannenbaum eine Stimme neben sich flüstern:
„Du bist gar nicht zu klein für Weihnachten, lieber Tannenbaum, denn ich bin ebenso klein wie du." Es war das Jesuskind selber, das so zu ihm sprach. Da war der kleine Tannenbaum glücklich.

Als Weihnachten vorüber war, verabschiedete sich der Esel und lief heim in die Stadt. Er versprach dem Tannenbaum, zum nächsten Weihnachtsfest wiederzukommen. Der Vogel aber wollte bis zum Frühling bei dem kleinen Tannenbaum bleiben. Und der Tannenbaum beklagte sich nie mehr darüber, daß er so klein war.

Deutscher Text von Peter Bloch

Josef Guggenmos | **Schnee** im **Dorf**

Wohin man schaut, lümmeln sie auf den Hecken, dick und weiß und faul, und drücken die Zweige nieder. Schneebären!

Auf den Ästen der Obstbäume liegen sie zu Aberhunderten: Schneemarder und Schneemäuse! Schneepudel! Schneepumas! Und dort gar, in der großen Astgabel, ein richtiger Schneenikolaus!

Hubers haben einen Zaun. Der gilt nicht mehr. Schnee steigt von der Straße in Hubers Garten. Und von Hubers Garten in Auerbachs Garten.

Schnee.

Schnee.

Und es schneit noch immer.

Am Weg steht ein Nilpferd, bis hoch über die Ohren eingeschneit. Vielleicht stößt man auch, wenn man nachgräbt, auf ein Auto.

Ich gehe mitten auf der Straße. Heute fährt nur, wer wirklich muß. Keiner muß wirklich.

Ich tue einen spaßigen Gang. Zum Postkasten. Unterm Mantel, in der inneren Rocktasche, trage ich einen Brief nach Graz. Ich hätte auch draufschreiben können: Paradies. Oder Atlantis. Es gibt nur noch das Dorf. Und vielleicht noch die Flur drum herum. Und wenn's hoch kommt, den Wald auf dem Hügel.

69

Ein Schneemann kommt auf mich zu. Wir bleiben stehen und reden ein paar Worte miteinander.
Heute redet jeder mit jedem.
So ein Tag ist das.

Margret Rettich | Die **Schlüssel**geschichte

Oben wohnen seit einiger Zeit Hannes und Jonas mit ihren Eltern. Unten wohnt Herr Grasmann ganz allein, und ihm gehört das Haus. Er ist schon ziemlich alt. Seine Frau ist gestorben, und seine Kinder sind fortgezogen. Menschen mag er nicht besonders gern. Er mag nur seinen Hund, und der Hund mag ihn.

Herr Grasmann beschwert sich regelmäßig, wenn Hannes und Jonas über ihm toben. Dann schimpft Mama mit ihnen, und sie sagen Herrn Grasmann eine Weile nicht guten Tag. Aber auch Mama macht er Vorwürfe. Sie läßt immer die Gartenpforte offen, wenn sie vom Einkaufen kommt. Herr Grasmann beschwört sie, es nicht zu tun, jedoch sie vergißt es immer wieder. Selbst Papa hatte mit Herrn Grasmann schon einmal Krach. Er hatte sein Auto vor dem Haus geparkt, und Herr Grasmann verlangte, Papa solle es ein Stück weiter weg abstellen, dies hier sei sein Autoplatz, und schließlich gehöre ihm das Haus. Papa meinte, die Straße könne jeder benutzen, das hätte nichts mit dem Haus zu tun. Daraufhin stellte Herr Grasmann eine Mülltonne auf die Stelle, als er fortfuhr. Er bekam einen Strafzettel von der Polizei, und Papa war froh, daß sein Auto um die Ecke stand. Es ist nicht ganz einfach mit Herrn Grasmann.

Aber viel schlimmer ist sein Hund, der alle anknurrt. Um den machen sie einen weiten Bogen.

„Trotzdem", sagt Mama, „tut mir Herr Grasmann leid. Schließlich ist er immer allein. Wo mag er zu Weihnachten sein? Ob er zu seinen Kindern fährt?"

Papa antwortet: „Darüber würde ich mir keine Gedanken machen."

„Ich überlege nur", erwidert Mama, „ob wir ihn einladen sollten."

„Nein", ruft Hannes, „das sollten wir nicht!"

„Nein", ruft Jonas, „er soll mit seinem Hund feiern."

„Ihr seid garstig", sagt Mama.

Aber Papa meint, sie seien nicht verpflichtet, sich um Herrn Grasmann zu kümmern.

Am Weihnachtsvormittag putzen Hannes und Jonas mit Papa den Baum. Mama will nach dem Mittagessen, daß alle noch eine Stunde ruhen. Aber Hannes und Jonas kribbelt es, sie sind viel zu gespannt, was heute noch alles geschieht. Mama macht schnell einen Tee, dann schickt sie die beiden vor die Tür; sie will mit Papa die Bescherung vorbereiten.

Hannes und Jonas hören, wie es drinnen huscht, klappt, scharrt und raschelt.

Sie stehen im Treppenhaus am Fenster. Durch das Geäst der Bäume können sie in andere Häuser sehen. Fast überall brennen jetzt Kerzen. Von hier aus erkennen sie nicht viel, aber von der Straße aus können sie besser in die Wohnungen sehen. Sie brauchen nur auf Zäune zu klettern oder sich an Fensterbrüstungen hochzuziehen.

Zu Hause macht Mama die Tür auf und ruft: „Hallo, es kann losgehen!"

Aber Hannes und Jonas sind nicht da. Sie sucht überall, doch sie mag nicht so laut durch das Treppenhaus rufen, das könnte Herrn Grasmann stören und Ärger geben. Sie läuft lieber nach unten und sieht dort nach. Natürlich läßt sie wieder die Gartenpforte offen.

Fünf oder sechs Häuser weiter findet sie Hannes und Jonas. Sie stehen auf einer Mülltonne und sehen in ein fremdes Fenster. Mama will schimpfen, aber sie besinnt sich, daß Weihnachten ist. Sie zieht die beiden herunter, und alle drei rennen nach Hause.

Unterwegs kommt ihnen Papa entgegen.

„Wo steckt ihr?" fragt er.

„Wir kommen schon", rufen sie atemlos. Sie springen die Treppe hoch – und da ist die Tür zugeschlagen.

„Macht schnell auf!" ruft Hannes.

„Wir können es nicht erwarten!" ruft Jonas.

„Schließ auf", sagt Mama zu Papa.

„Schließ du auf", sagt Papa zu Mama.

Jetzt merken sie, daß niemand einen Schlüssel mitgenommen hat. Sie können nicht in die Wohnung, sie sind ausgesperrt.

73

„Und das ausgerechnet zu Weihnachten", jammert Mama. Papa rüttelt an der Klinke. Dann geht er einige Schritte zurück. „Macht Platz!" ruft er. Er will die Tür einrennen. Aber Mama hält ihn fest, sie will nicht, daß es vielleicht Herr Grasmann hört. Nun sitzen sie auf den Stufen und wissen nicht, was sie tun sollen. Außerdem ist es kalt. Von Zeit zu Zeit steht einer auf und drückt den Knopf vom Treppenlicht, das immer wieder ausgeht.

Unten klappt eine Tür. Das ist Herr Grasmann, der seinen Hund ausführen will. Der Hund wittert sie und beginnt zu knurren.

„Ist dort jemand?" ruft Herr Grasmann nach oben.

„Ja, wir", sagt Mama kläglich.

„Na, na", sagt Herr Grasmann, „feiert man neuerdings Weihnachten im Treppenhaus?"

Er kommt die Treppe hoch. Papa berichtet, was geschehen ist.

„So was", sagt Herr Grasmann, „dagegen werden wir gleich etwas unternehmen." Er geht nach unten in seine Wohnung.

Papa, Mama, Hannes und Jonas sitzen auf der Treppe, vor ihnen hockt der große Hund und knurrt sie an. Sie warten.

74 Zum Glück kommt Herr Grasmann bald wieder. Er bringt einen großen Ring mit vielen Schlüsseln.

„Einer davon paßt bestimmt", sagt er.

„Das hat keinen Zweck", sagt Papa, „unser Schlüssel steckt nämlich innen!"

Herr Grasmann kratzt sich am Kopf.

„Das macht die Sache schwieriger", meint er, „jedoch keinesfalls aussichtslos."

Wieder geht er nach unten, sie hören, daß er diesmal in den Keller steigt. Sein Hund bleibt zurück.

Herr Grasmann kommt und bringt ein Stück festen Draht.

„Paßt genau auf, was ich jetzt mache", sagt er zu Hannes und Jonas, „wer das kann, wird jederzeit ein tüchtiger Einbrecher!"

„Aber Herr Grasmann", sagt Mama, und er lacht. Sie haben noch nie gesehen, daß Herr Grasmann lachen kann.

Er biegt den Draht zu einem Haken, steckt ihn in das Schlüsselloch, dreht und wendet ihn darin, stochert etwas, und nach kurzer Zeit poltert innen etwas auf den Boden. Nun versucht er nacheinander alle Schlüssel, die an dem großen Ring hängen. Der dreiunddreißigste paßt: Herr Grasmann schließt die Tür auf.

„Wie sollen wir Ihnen danken", sagt Papa.

„Machen Sie uns die Freude, und feiern Sie mit uns Weihnachten", sagt Mama.

Hannes und Jonas rufen: „Ja, bitte!"

75

Herr Grasmann antwortet: „Von mir aus gern, aber mein Hund mag nun mal nicht unter Menschen. Ich

muß mich leider nach ihm richten." Und er geht mit seinem Hund auf die Straße.

Hannes sagt: „Der Hund ist gar nicht so, ich habe ihn
die ganze Zeit gestreichelt."

„Nur noch sechs Tage", stellt Nelly fest. Sie spitzt die Lippen und versucht, „O du fröhliche" zu pfeifen.

„Noch sechs Tage", wiederholt die Mutter nachdenklich. Sie sagt es nicht fröhlich, nach einer Pause schickt sie den Seufzer nach: „Wenn nur alles schon vorüber wäre!"

Nellys Pfeifton bleibt jäh in der Luft hängen. Entgeistert schaut sie ihre Mutter an. „Freust du dich denn nicht?"

„Schon. Aber der ganze Rummel hängt mir zum Hals heraus."

Am Nachmittag hat Nelly frei, sie fährt mit einer Freundin Schlittschuh, und gegen Abend geht sie in den großen Selbstbedienungsladen, wo die Mutter arbeitet. Da geht es zu wie in einem Bienenhaus. Die Mutter sitzt auf einem Drehstuhl vor einer der sechs Kassen. Die Waren kommen auf einem Förderband auf sie zu, und während ihre rechte Hand auf den Zahlentasten liegt und tippt, dreht die linke die Waren so, daß sie die Preise ablesen kann, und legt dann ein Ding nach dem andern in einen Gitterwagen. Wenn alles getippt ist, drückt die rechte Hand die Additionstaste und reißt den

77

Kassenstreifen ab, die linke Hand stößt den gefüllten Wagen weg, zieht den leeren zur Kasse.

„Toll, wie du das machst", hat Nelly schon manchmal zu ihrer Mutter gesagt. „Also, bei mir ginge das ganz langsam. So tip – tip – tip – tip und erst noch die Hälfte falsch."

„Ach wo!" hat die Mutter lachend ausgerufen. „Das ist Übungssache. Am Anfang war ich auch nicht so flink. Ich fand die Preisschilder nicht und vertippte mich ab und zu. Dann murrten die Leute, weil sie warten mußten. Aber jetzt geht es beinahe im Schlaf."

„Wie ein Roboter!" Nelly lachte.

Ein Roboter als Mutter? Der hätte nie Kopfweh, würde abends nicht müde. Aber ein Roboter hat kein Herz. Da war ihr die Mutter, so wie sie war, doch lieber, auch wenn sie manchmal abends kaum mehr sprechen konnte vor Müdigkeit!

Noch vier Tage.

Noch drei.

Die Warteschlangen vor den Kassen wurden immer länger. Die Leute deckten sich mit Eßwaren ein, als dauere Weihnachten ein halbes Jahr. Die automatischen Glastüren gingen mit einem Zischton auf und zu, auf und zu; die Mutter auf ihrem Drehstuhl spürte den Luftzug im Rücken. Auch die Kartonschilder, die an Fäden von der Decke hingen, schwangen im Luftstrom hin und her.

Über Mutters Kopf pendelte eine Weihnachtsglocke. **AKTION** stand rot darauf:

250 g PRALINEN ZUM SONDERPREIS!

In der Nähe schwebte ein Weihnachtsengel aus Karton, er trug ein Band in den Händen wie der Engel in der Kirche, aber darauf stand nicht **„FRIEDE DEN MEN-SCHEN AUF ERDEN"**, sondern **„ROLLSCHINKEN ZUM FEST 15,80 DAS KILO"**.

Aus den Lautsprechern träufelte Weihnachtsmusik. Das Förderband mit den Waren rollte.

O du fröhliche …

    Kalbskopf

o du selige …

    Kaffee milde Sorte

    Klopapier dreilagig

gnadenbringende …

    Taschentücher mit Monogramm

    Tafelsenf

Weihnachtszeit …

Die Mutter stöhnte, wischte sich mit dem Handrücken schnell die Schweißtropfen über der Oberlippe ab.
Die Wartenden vor der Kasse traten unruhig von einem Bein auf das andere, schauten die Frau an der Kasse

nicht an, starrten ins Weite, weil sie schon an den Heimweg dachten mit den schweren Taschen, an die verstopfte Straßenbahn.

Uff.

Noch drei Tage, dann ist es überstanden.

„Ich mache so ein Festessen wie letztes Jahr", sagte die Mutter am Abend zu Nelly. „Sülze auf Salatblättern, Schweinsbraten, Pommes frites, Bohnen und zum Dessert Schokoladencreme aus der Dose mit Birnen."

Am 24. Dezember war das Geschäft nur bis 16 Uhr offen. Anschließend konnten die Angestellten von den übriggebliebenen Waren kaufen, auf alles gab es einen Rabatt von 15 %. Das lohnt sich, fand Nellys Mutter. Aus diesem Grund hatte sie alle großen Einkäufe bis jetzt aufgespart: eine Schultasche für Nelly, eine Puppe, Farbstifte, eine Windjacke für Vater, die Eßwaren für das Weihnachtsfest.

Im Personalraum gab es für die Angestellten noch einen Imbiß. „Die große Weihnachtsschlacht ist wieder einmal geschlagen", sagte der Personalleiter und sprach lobende Worte aus, dann wurden Schinkenbrote gereicht, ein Glas Wein.

Nach dem Imbiß ließ Nellys Mutter ihre dicken Plastiktüten im Personalraum stehen.

Sie merkte es erst, als sie draußen an der Bushaltestelle

stand. Meine Geschenke! All die guten Sachen fürs Nachtessen! dachte sie erschrocken.

Aber das Geschäft war schon abgeschlossen.

Vor dem 27. kriegte man da nichts mehr heraus.

Mit leeren Händen kam sie zu Hause an.

Trotzdem feierten sie an diesem Abend Weihnachten. Vater zündete die Christbaumkerzen an, und Nelly sagte ein Gedicht auf. Sie wußte nur die ersten zwei Strophen, dann blieb sie stecken. Aber die Mutter fand es trotzdem sehr schön, und der Vater hatte gar nicht gemerkt, daß es weitergehen sollte.

Das Essen war kürzer als vorgesehen. Zum Glück hatte die Mutter den Braten schon vorher gekauft und die Kartoffeln ohnehin im Haus, aber es gab keine Vorspeise und keinen Nachtisch. Das heißt, sie knabberten einfach Nüsse und aßen Äpfel.

„Dafür habe ich keinen so schweren Magen wie letztes Jahr", meinte der Vater. „So schwere Essen bekommen mir nicht mehr."

Auch zum Auspacken war nicht viel da.

So blieb Zeit.

Viel Zeit.

Nelly holte das Memory-Spiel, das sie zur letzten Weihnacht bekommen hatte; alle Sonntage des verflossenen Jahres hatte sie vergeblich gewartet, daß jemand Zeit fände, mit ihr zu spielen.

Jetzt hatten die Eltern Zeit.

Vater hatte noch nie Memory gespielt.

Nach einer Weile hatte Nelly schon sieben Kartenpaare gefunden, Mutter drei, und Vater, der sonst immer alles besser wissen wollte, suchte dauernd am falschen Ort. Er versuchte, sich mit Tricks zu helfen, indem er heimlich Brotbrösel auf die Karten legte, die er sich gemerkt hatte. Oder er hielt die Hände so auf dem Tisch, daß der Daumen die Richtung markierte, in der eine gewisse Karte lag. Nelly kam ihm auf die Schliche. Sie spielten ein zweites und drittes Mal, und Vater ärgerte sich nicht, daß er immer verlor.

Dann spielten sie noch Mühle und den Tschau-Sepp-Jass.

Um Mitternacht löschte der Vater das Licht aus, und sie schauten alle drei aus dem Fenster, vom Schnee ging nämlich ein heller Schein aus, und man hörte die Weihnachtsglocken läuten.

„In dieser Stunde, vor fast 2000 Jahren, ist unser Heiland geboren", sagte die Mutter, und Nelly spürte, wie sie nun doch froh war, daß es Weihnacht geworden war.

Als Nelly ins Bett mußte, sagte sie: „Das war aber eine schöne Weihnacht."

„Wirklich?" fragte die Mutter erstaunt. „Wir hatten ja kein Festessen und fast keine Geschenke."

„Aber viel Zeit", sagte Nelly.

Janosch | Der alte Mann und der Bär

Es war einmal ein alter Mann, der wohnte nicht weit weg von unserem Dorf. Keine halbe Meile war's.

Den Sommer über sammelte er Pilze und Beeren im Wald, arbeitete für die Leute im Dorf auf dem Feld, und sie nannten ihn Gregor. Sie hielten ihn für einen Narren, denn das wenige, wenige Geld, das er für die Arbeit bekam, bewahrte er auf und ging, wenn der Winter am tiefsten war, in das Nachbardorf, es mag wohl um die Weihnachtszeit gewesen sein, denn da war immer um diese Zeit ein fremder Vogelhändler, ein Fallensteller, auf dem Markt und verkaufte Vögel an die Leute.

Es gab noch kein Radio, und die Leute hielten sich die Vögel in Käfigen und ließen sie singen.

„Den da", sagte der alte Mann, „kaufe ich. Wieviel kostet er?"

„Sechs", sagte der Vogelhändler, „ohne Käfig. Ein besonders guter Sänger und fast zahm."

„Und den", sagte der alte Mann – wenn sein Geld noch reichte.

„Vierdreißig", sagte der Vogelhändler. „Aber alle Preise sind ohne Käfig."

84   „Käfig brauche ich nicht", sagte der alte Mann und kaufte einige Vögel, soweit sein Geld reichte. Er ließ sie von dem Vogelmann aus den Käfigen nehmen, nahm sie

in die Hand und ließ sie frei. Auch der Vogelhändler hielt ihn für einen Narren, aber das war dem egal, Hauptsache, er bekam sein Geld. Und war ein Vogel schwach, kaufte der alte Mann ihn an erster Stelle, holte einen kleinen Käfig unter seiner Jacke hervor, tat den Vogel hinein und nahm ihn mit nach Haus. Er fütterte ihn den Winter über, gab ihm zu trinken, und wenn der Vogel wieder gesund war, ließ er ihn frei.

Und dies tat der alte Mann Jahr um Jahr. Etwa um die Weihnachtszeit.

Die Zeit verging, und der Mann wurde noch älter und wohl auch ein wenig schwächer. Er konnte nicht mehr viel für die Leute arbeiten, hatte im Sommer auch kaum Beeren, Pilze und Holz zum Heizen im Wald gesammelt. Und als dann die Zeit kam, daß der Vogelhändler auf dem Markt war, reichte sein Geld kaum noch für einen ganzen Vogel.

Weil der Vogelmann ihn nun aber schon kannte, gab er dem Alten einen grauen, armseligen Vogel zum halben Preis. Hänfling.

„Nutzlose Sorte", sagte der Vogelhändler, „singt nicht, nicht einmal im Sommer."

Der alte Mann verbarg den kleinen Käfig mit dem Vogel warm unter seiner Jacke und stapfte durch den Schnee davon. Aber er ging nicht nach Haus, denn dort hatte er

85

kein Holz zum Heizen, kein Futter für den Vogel, und das Wasser im Brunnen war gefroren. Und um allein zu fliegen, war der kleine Vogel zu schwach.

„Wir gehen zum Bären", sagte der Alte, denn er kannte eine Bärenhöhle im Wald, und in Bärenhöhlen ist es warm.

Und bald gingen ein Fuchs hinter ihm her, zwei Hasen und zwei Krähen.

Der alte Mann spürte bald keine Kälte mehr in den Beinen. Auch in den Händen nicht, und es war ihm, als könnte er fliegen, ganz leicht war alles.

„Wer ist der Mensch?" rief der Bär, denn zwischen Bären und Menschen gibt es keine sehr große Freundschaft.

„Gregor", sagte der Fuchs, „ich kenne ihn und bürge mit meinen Pfoten."

„Und was will er?" fragte der Bär.

„Etwas Futter für den Vogel", sagte der alte Mann, und er spürte, daß er in der Luft schwebte, und seine Stimme klang von weit her. „Und Wasser bitte", sagte er, „sonst stirbt er."

„Ist so in Ordnung", brummte der Bär, der Vogel bekam Wasser und Futter und ward gesund.

Dem alten Mann bereiteten sie ein Lager, und dann war es ihm, als ob er schwebte. Hinauf zu den Sternen in ein großes, weißes Licht hinein. So wie von einem Engel getragen.

Es war in einem anderen Winter. Wohl kälter als je zuvor. Der Schnee hatte die Höhle des Bären fast zugeweht, und der Bär hatte keine Vorräte mehr. Die Bienen hatten im Sommer davor nicht genügend Honig gesammelt, die Beeren waren noch nicht reif gewesen, als der erste Schnee fiel, und das Laub reichte nicht aus für ein warmes Lager.

„Ich werde ins Dorf gehen", sagte der Bär, „vielleicht finde ich dort etwas zu essen."

Und er stapfte los.

Die Nacht war finster und der Schnee tief. Der Bär hatte lange nichts mehr gegessen und wurde immer schwächer. Bald konnte er die Beine nicht mehr aus dem tiefen Schnee ziehen und fiel um. Das Dorf war nicht mehr weit, aber der Bär war zu schwach.

Da kam ein kleiner Vogel, jener Hänfling war es vom Vogelmarkt, aus dem Käfig, aus der Höhle, setzte sich auf die Schulter des Bären und sagte ihm ins Ohr: „Kannst du mich tragen, Bär? Ins Dorf, vielleicht gibt es dort etwas zu essen. Sonst müßte ich sterben."

„Ja", sagte der Bär und stand auf und trug den Vogel in das Dorf.

Dort war Licht in der Kirche, denn es war wohl um die Weihnachtszeit, aber der Küster ließ sie nicht hinein.

„Bären und Vögel", sagte er, „haben hier nichts zu suchen. Alte Frauen und Kinder könnten sich ängstigen. Nein, nein. Nein, nein."

Da legte sich der Bär neben die Kirchentür, verbarg den Vogel warm in seiner Pfote, und der Vogel sang ihm etwas ins Ohr. Als die Leute aus der Kirche nach Hause gingen, riefen die Kinder:

„Da liegt ein Bär, Mutter. Wir müssen ihn füttern, vielleicht ist er ein verwunschener Königssohn."

Zu Weihnachten denken sie alle an Märchen.

„Ach was, Königssohn", sagten die Eltern. „Und zum Füttern ist morgen noch Zeit."

Aber als sie am nächsten Tag kamen, waren der Bär und der Vogel nicht mehr da. Ein Engel hatte sie geholt. Zu den Sternen getragen.

Artur Kern | **Klein-Robins**
Weihnachtssang

Es war einmal ein kleines Vöglein,
das hieß überall nur Klein-Robin.
An einem Weihnachtsmorgen flog es auf einen Busch.
Da kam eine alte, graue Katze herbei und fragte:
„Wo gehst du hin, Klein-Robin?"
Klein-Robin sagte:
„Zu unserem König will ich gehen,
ein Lied möcht ich ihm singen
an diesem schönen Weihnachtsmorgen!"

Die graue Katze sagte:
„Komm her zu mir, Klein-Robin!
Ich will dir einen hübschen Ring zeigen,
den ich um den Hals trage."
Aber Klein-Robin sagte:
„Nein, nein! Graukätzchen! Nein, nein!
Du fängst und frißt die kleine Maus.
Doch mich sollst du nicht fangen!"
Und Klein-Robin flog davon.

Dann kam Klein-Robin zu einer Steinmauer.
Darauf sah er einen grauen Bussard sitzen.
Der graue Bussard fragte:
„Wo gehst du hin, Klein-Robin?"
Klein-Robin sagte:
„Zu unserem König will ich gehen,
ein Lied möcht ich ihm singen
an diesem schönen Weihnachtsmorgen!"

Grau-Bussard sagte:
„Komm her zu mir, Klein-Robin!
Ich will dir eine hübsche Feder zeigen
in meinem Flügel."
Aber Klein-Robin sagte:
„Nein, nein! Grau-Bussard! Nein, nein!
Du packst und frißt die kleinen Vögel.
Doch mich sollst du nicht packen!"
Und Klein-Robin flog davon.

Dann kam Klein-Robin an eine Felsenhöhle.
Dort sah er einen schlauen Fuchs.
Der schlaue Fuchs fragte:
„Wo gehst du hin, Klein-Robin?"
Klein-Robin sagte:
„Zu unserem König will ich gehen,
ein Lied möcht ich ihm singen
an diesem schönen Weihnachtsmorgen!"

Der schlaue Fuchs sagte:
„Komm her zu mir, Klein-Robin!
Ich will dir eine hübsche Stelle zeigen
an meinem buschigen Schwanze."
Aber Klein-Robin sagte:
„Nein, nein! Schlauer Fuchs! Nein, nein!
Du fängst und frißt das kleine Lamm,
doch mich sollst du nicht fangen!"
Und Klein-Robin flog davon.

Dann kam Klein-Robin zu einem Brunnen.
Daraus sah er einen Knaben Wasser trinken.
Der Knabe fragte:
„Wo gehst du hin, Klein-Robin?"
Und Klein-Robin sagte:
„Zu unserem König will ich gehen,
ein Lied möcht ich ihm singen
an diesem schönen Weihnachtsmorgen!"

Der Knabe sagte:
„Komm her zu mir, Klein-Robin!
Ich will dir Brotkrumen geben!"
Aber Klein-Robin sagte:
„Nein, nein! Kleiner Knabe! Nein, nein!
Du fängst und tötest den kleinen Spatz,
doch mich sollst du nicht fangen!"
Und Klein-Robin flog davon.

Dann kam Klein-Robin an des Königs Schloß.
Dort sah er den König und die Königin.
„Jetzt will ich mein Weihnachtslied singen!"
Und Klein-Robin sang sein Weihnachtslied.
Dann sagte der König:
„Was können wir Klein-Robin geben
für den schönen Weihnachtssang?"
„Wir wollen ihm das Vöglein Jenny zur Frau geben",
sagte die Königin.

Da freute sich Klein-Robin sehr
und flog mit Jenny nach Hause.

Ein Märchen aus England

Trudi Gerster | # Der kleine Löwe und das Zebra

Es war einmal ein kleiner Löwe. Er hatte grüne Augen, einen runden Kopf mit einer lustigen gelben Mähne, rosige Pfötchen und eine prächtige Quaste am Schwanz. Er lebte mit seiner Mutter, einer riesigen, wilden Löwin, im Busch, am Rande einer großen Wüste. Dort hatte sie ihm ein weiches Lager bereitet, darauf kugelte er herum und spielte mit Palmenblättern und seinem eigenen Schwanzzottel.

Sonst hatte er nichts zum Spielen, und darum langweilte er sich oft. Seine Mutter ließ ihn viel allein und schlich im Busch umher auf der Jagd nach Antilopen und andern Tieren. Sie fing alles, was sie nur erwischen konnte, fraß sich satt und brachte dem kleinen Löwen ein paar Fleischbrocken ins Nest.

Eines Tages erspähte die Löwenmutter ein kleines Zebra, mit einem rosigen Näschen und kleinen spitzigen Öhrchen. Es war seiner Mutter davongelaufen und stand nun ganz allein vor der riesigen Löwin. Seine Beinchen zitterten so vor Schreck, daß es nicht mehr weglaufen konnte und wie tot umfiel.

94 „Das ist ein Nachtessen für meinen Sohn!" knurrte die Löwin. Sie packte das kleine Zebra mit ihrem großen Maul und trug es heim.

„Hier bring ich dir dein Nachtessen", sagte sie zu dem kleinen Löwen. „Iß brav und schlaf nachher schön ein! Ich gehe noch einmal fort und fang mir selber etwas. Ich hab einen gräßlichen Hunger, uuuaaah!"

Sie brüllte und war im Wald verschwunden.

„Das ist aber ein seltsames Nachtessen – gestreift!" dachte der kleine Löwe.

Er schnupperte an dem Zebra herum, besah sich die lustigen schwarzen Streifen und schnappte nach einem der spitzigen Öhrchen.

In diesem Augenblick erwachte das Zebra aus seiner Ohnmacht. Erschrocken schaute es den Löwen an und bettelte: „Bitte, bitte, friß mich nicht – ich hab solche Angst – bitte, bitte friß mich nicht!"

Das kleine Zebra fing so herzzerbrechend an zu schluchzen, daß der kleine Löwe vor lauter Erbarmen mitweinte. Darauf wischte er zuerst dem Zebra und dann sich selber mit seiner Schwanzquaste die Tränen ab und sagte: „Hab keine Angst, ich fresse dich nicht, wenn du es nicht gern hast. Ich habe nicht gewußt, daß du lebendig bist."

„Oh, vielen Dank!" seufzte das Zebra erleichtert. „Dann will ich dein Freund sein und dir alle Spiele zeigen, die ich weiß. – Kannst du tschutten? Nein? Ich zeig es dir. Hast du einen Ball? – Auch nicht? Oh, schau, da ist eine Kokosnuß, das geht auch. Jetzt stelle ich mich zwischen diese beiden Sträucher, du stellst dich zu jenem Baum, dann kicke ich dir die Kokosnuß zu, und du rufst Tor oder Goal! – Nachher kickst du mir die Nuß wieder zurück, und ich rufe Goal oder umgekehrt? Zu dem Spiel sagt man Tatsch oder Matsch oder so, ich habe es von meiner Tante Emma gelernt, die war früher beim Zirkus."

Nun spielten das Zebra und der kleine Löwe miteinander Fußball. Beide schrien die ganze Zeit: „Goal, Goal!" Sie machten einen solchen Lärm, daß die andern Tiere von überall näher kamen, um zuzuschauen. Ein Dutzend Affen hockten auf den Bäumen und keckerten: „Goal, Goal!" Ein großer Papagei schaukelte sich auf den Ästen. Er schnarrte: „Goal, Goal!", bis er stockheiser war.

Später spielten sie im Dickicht Verstecken und Seilhüpfen mit den Schlingpflanzen.

Als die Löwenmutter nach Hause kam, rief der kleine Löwe ihr zu: „Denk nur, Mami, das gestreifte Nachtessen ist noch ganz lebendig, es kann reden und hat mir lustige Spiele gezeigt. Jetzt habe ich endlich einen Freund. Wir wollen immer zusammenbleiben."

Da wurde die alte Löwin schrecklich wütend und brüllte: „Schämst du dich nicht, wenn das dein Vater wüßte! Ein Löwe, der ein Zebra zum Freund hat. Zebras sind zum Fressen da und nicht zum Spielen, du dummer kleiner Kerl. Dieses Abendbrot wird gefressen mit Rumpf und Stumpf, gestreifelt oder nicht gestreifelt – sonst fresse ich euch beide morgen zum Frühstück. Ich will dich lehren, ein richtiger Löwe zu werden!"

Zornig fletschte sie die Zähne, gab ihm einen Schlag mit der Tatze und war im Busch verschwunden. Das Zebra bekam vor Schreck eine ganz weiße Nasenspitze.

Zuerst war der kleine Löwe auch ziemlich erschrocken, dann aber schüttelte er seine Mähne und stampfte auf den Boden: „Hab keine Angst, ich freß dich nicht – nie – du bist mein Freund, laß uns weglaufen!"

So liefen sie weg. Sie liefen die ganze Nacht, den ganzen Tag und noch eine Nacht und noch einen Tag. Aber dann konnte der kleine Löwe auf einmal nicht mehr weiter. Seit Tagen hatte er nichts mehr gefressen. Er legte sich unter eine Palme und seufzte:

„Ich hab so Hunger – ich glaube, ich muß sterben."

Das Zebra holte die schönsten Blätter und die zartesten Gräser herbei, die es finden konnte; aber davon bekam der kleine Löwe nur Bauchweh. Ein Löwenmagen ist eben nicht für Blätter eingerichtet.

Als das kleine Zebra seinen Freund so matt und hungrig daliegen sah, flüsterte es ihm zu: „Friß mich nur, dann wirst du wieder stark und kannst ein richtiger Löwe werden, ich habe jetzt gar keine Angst mehr!"

Aber der Löwe schüttelte den Kopf: „Lieber will ich sterben, als dich fressen!"

Nun wußten sich die beiden keinen Rat mehr, darum begannen sie laut zu schluchzen.

Als später der Vollmond aufging und auf die Erde hinunter sah, wäre er vor Staunen fast vom Himmel gefallen: „Jetzt schau einmal, Christkind! So etwas habe ich, solange ich leuchte, noch nie gesehen – da liegen sich ein Löwe und ein Zebra in den Pfoten und weinen alle beide herzzerbrechend."

Das Christkind sah die beiden, breitete seine Flügel aus und schwebte zu ihnen hinunter.

Plötzlich stand es vor ihnen und lächelte sie an. Natürlich wußten weder der Löwe noch das Zebra, wer da vor ihnen stand, aber es war das Schönste, was sie je gesehen hatten. Es wurde ihnen ganz leicht ums Herz, und sie erzählten dem Christkind ihren Kummer.

Das Christkind dachte ein bißchen nach, dann lächelte es: „Ich kann euch beiden helfen, ich verwandle euch in einen Stofflöwen und ein Stoffzebra. Stofftiere haben keinen Hunger, und ihr könnt dann immer zusammenbleiben."

Nun legte es dem Zebra und dem Löwen die Hand auf den Kopf, und da sind die beiden ganz klein geworden und haben ausgesehen wie aus Stoff.

Bald darauf bekam das Christkind einen Brief, darin stand:

„Lipes Chrischtkind,
ich wüntsche mir vür meine Arche Noa einen Löwen und ein Zepra.
Fiele Grüsse fon Andreas"

Bald darauf, am Heiligen Abend, lagen das Zebra und der Löwe unter einem wunderschönen Weihnachtsbaum in einer großen Stube. Die Kinder kamen herein und jauchzten:

„Oh, der schöne Löwe, je, das herzige Zebra. Die sind ja fast wie lebendig!"

In der Nacht, als alles im Hause schlief, rückten das Zebra und der Löwe ganz nahe zusammen und fingen an zu plaudern. Sie erzählten sich von der Wüste, vom Urwald, von den Affen und Papageien, und wie schrecklich es war, als der kleine Löwe das Zebra fressen sollte. Die beiden Tiere durften noch lange glücklich beisammenbleiben und miteinander plaudern, aber nur, wenn niemand zuhörte.

Heinrich Hannover | ## Wie sich das Christkind das Bein gebrochen hatte

Als die Kinder durch den Bürgerpark liefen, hörten sie plötzlich ein Kind jammern.

Auuu, auuu, auuu!

Sie bogen die Büsche auseinander, und da sahen sie auf dem zugefrorenen Teich ein Kind liegen. Vorsichtig schlichen sie heran, denn das Eis war sehr glatt.

„Bist du hingefallen?" fragten sie das Kind.

„Ja, au, au, und ich glaube, ich habe mir das Bein gebrochen."

Da hoben es die Kinder vorsichtig auf und setzten es auf ihren Schlitten und zogen es durch den ganzen Bürgerpark und durch die Stadt bis zum Krankenhaus.

Unterwegs mußte nun das Kind erzählen, wie das Unglück geschehen sei.

„Ja, wißt ihr, ich bin nämlich das Christkind –"

„Was, du bist das Christkind? Wo ist denn dann der Nikolaus?"

„Ja, der hat sich schnell im Gebüsch versteckt, als ihr gekommen seid, denn er läßt sich nicht gern von Menschen sehen. Mich kriegen die Menschen ja sonst auch nicht zu sehen, aber wenn sich das Christkind das Bein bricht, kann es halt nicht von der Stelle."

„Und wo ist denn der Sack, wo die schönen Sachen für

die Kinder drin sind? Denn heute abend ist doch Weihnachten!"

„Ja, heute abend ist Weihnachten", sagte das Christkind und weinte ein bißchen. „Den Sack hat der Nikolaus bei sich. Wenn der Sack nicht wäre, dann wäre das Unglück nicht passiert. In dem Sack war nämlich auch ein Paar Schlittschuhe für irgendein liebes Kind, und da wollte ich einmal ausprobieren, wie es sich darauf läuft. Der Nikolaus hat sie mir angeschnallt, und dann bin ich losgelaufen. Aber plötzlich – plumps – bin ich hingefallen. Und so habe ich mir ein Bein gebrochen und weiß nun gar nicht, wie ich noch heute abend zu den lieben Kindern kommen soll."

„Nun wein nicht, liebes Christkind", sagten die Kinder. Und da waren sie beim Krankenhaus angelangt.

Im Krankenhaus bekam das Christkind eine Schiene an das gebrochene Bein, und dann wurde es in ein weiches Bettchen gelegt. Natürlich sprach es sich im Krankenhaus herum, daß das Christkind in Zimmer vierundzwanzig lag, und dauernd schlich sich jemand an die Tür, stellte sich auf die Zehen und schaute zu dem kleinen Fenster in der Tür ins Zimmer hinein, um einmal das Christkind zu sehen. Als auch der Doktor hineinschaute, sah er, daß das Christkind weinte. Da ging er hinein und fragte: „Tut dir etwas weh?"

„Nein, nein", sagte das Christkind, „ich weine nur, weil heute abend doch Weihnachten ist und ich bis dahin noch nicht wieder gesund werde. Wer soll denn nun den lieben Kindern die schönen Sachen bringen?"

Da wußte der Doktor auch keinen Rat.

Aber plötzlich mußte das Christkind lachen, denn ihm war ein guter Gedanke gekommen.

„Ach, Herr Doktor, bringen Sie mir doch bitte mal eine Uhr", bat es den Doktor. Und als der die Uhr brachte, da hielt das Christkind mit seinem kleinen Finger den großen Zeiger an – und da stand die Zeit still. Der Doktor schlief auf der Stelle ein, und die anderen Kranken und die Schwestern und alle Menschen auf der ganzen Welt schliefen drei Wochen da, wo sie gerade lagen oder standen, und merkten nicht, daß die Zeit stillstand.

Als das gebrochene Bein vom Christkind wieder heil war, schlich es sich aus dem Bett und an all den schlafenden Menschen vorbei durch eine Hintertür aus dem Krankenhaus. Aber kurz bevor es das Haus verließ, stieß es den Zeiger wieder an, damit die Zeit weiterging. Da wachten alle Menschen wieder auf, und im Krankenhaus erzählten sich die Kranken, die Schwestern und die Doktoren: „Das Christkind ist weg!"

Und als es dunkel wurde, hatten alle Kinder auf der Welt eine Weihnachtsbescherung, die so schön war wie alle Jahre. Besonders schön aber hatten es die Kinder, die das Christkind im Bürgerpark gefunden und ins Krankenhaus gebracht hatten. Das Christkind hatte ihnen einen neuen Schlitten und jedem ein Paar Schlittschuhe geschenkt.

Enid Blyton | # Kaspers
Weihnachtsfest

In der Zeit vor Weihnachten waren alle Bewohner des Spielzeugschrankes eifrig mit Vorbereitungen für das Fest beschäftigt. „Was wünschst du dir, Teddy?" fragte die Puppe Angela den braunen Plüschbären. „Vielleicht eine neue hellblaue Halsschleife?"

„Möchtest du wieder die feinen Schokoladeplätzchen haben wie voriges Jahr?" wollte eine andere Puppe von dem kleinen weißen Hund wissen, der auf Rädern lief.

„Soll ich dir etwas für deine Arche schnitzen?" erkundigte sich die Matrosenpuppe bei Noah. „Ich könnte dir einen Türklopfer machen, damit du gleich weißt, wenn jemand zu Besuch kommt."

Aber niemand fragte den Kasper, was er sich wünschte. Darüber war er sehr betrübt. Er hätte so gern gesagt, was sie ihm schenken sollten: neue Knöpfe für seinen Kittel, Schnürsenkel für seine Schuhe, einen kleinen Kamm und etwas Süßes zum Naschen.

Ganz allein hockte Kasper in einer dunklen Ecke und murmelte vor sich hin: „Alle dürfen ihre Wünsche sagen, nur ich nicht! Warum nur? Ich glaube, die anderen mögen mich nicht. Nun ja, ich weiß, daß ich häßlich bin mit meinem dicken Kopf, meiner großen Nase und dem breiten Mund. Und manchmal bin ich ziemlich grob, das ist wahr. Sie lachen wohl über meine Späße, aber keiner hat mich lieb. Und ich möchte doch so gern zu Weihnachten auch eine Freude haben! Was soll ich nur tun? – Ach, ich weiß! Ich werde einfach zu Fiffi gehen und fragen, was sie sich wünscht; und dann muß sie doch sagen: ‚Und du, Kasper, was möchtest du denn haben?‘"

Also ging er zu der kleinen Blechmaus Fiffi, die man aufziehen konnte, und fragte sie nach ihren Wünschen. „Ich wünsche mir ein paar neue Barthaare, wenn ihr so etwas auftreiben könnt", antwortete Fiffi. „Das wäre etwas Schönes und Praktisches." Aber sie fragte nicht nach seinen Wünschen.

Traurig ging Kasper in seine Ecke zurück. „Jetzt weiß ich genau, daß sie mich nicht leiden mögen", sagte er zu sich selbst. „Deshalb wollen sie mir auch nichts zu Weihnachten schenken. Jeder hat seine Wünsche sagen dürfen, nur mich hat keiner gefragt. Nun, ich werde trotzdem jedem von ihnen ein Geschenk hinstellen, aber ich selbst werde vor dem Weihnachtsfest weggehen. Ich kann es nicht ertragen, dabeizustehen und zuzuschauen, wie alle etwas bekommen, nur ich nicht! Und wenn sie mich nicht leiden können, werden sie froh sein, wenn ich nicht mit ihnen Weihnachten feiere."

Die anderen Spielsachen wunderten sich, warum Kasper sich abseits hielt und ein finsteres Gesicht machte. Zuerst fragten sie ihn manchmal, was er denn habe; aber als er nur immer schweigend den Kopf schüttelte,

ließen sie ihn in Ruhe. Nun war er unglücklicher als je zuvor.

Kasper beschloß, zwei Tage vor Weihnachten fortzugehen.

„Sie werden sich wundern, wenn ich auf einmal nicht mehr da bin", murmelte er. „Aber vermissen werden sie mich bestimmt nicht. Es ist wirklich am besten, wenn ich weggehe. Also, was brauche ich für unterwegs? Ich muß ein paar Sachen einpacken. Wo finde ich einen Koffer?"

Da fiel ihm ein, daß er einmal ganz hinten im Spielzeugregal einen Koffer gesehen hatte. Er kletterte hinauf, und richtig, da stand der Koffer. Kasper zog ihn hervor, um seine wenigen Habseligkeiten einzupacken.

„Er ist ziemlich schwer", meinte er verwundert. „Hoffentlich ist nichts darin. Sonst muß ich ihn erst leermachen."

Er öffnete den Deckel – und heraus fielen viele Päckchen, alle hübsch in Weihnachtspapier verpackt und mit bunten Bändern darum. An jedem hing ein Zettel. Für wen mochten sie wohl bestimmt sein? Das wollte Kasper gern wissen, und er las, was auf den Zetteln stand:

„Meinem lieben Kasper. Heini, der Matrose." – „Für Kasperle von Fiffi." – „Von Puppe Angela für den lieben, guten Kasper." – „Frohe Weihnachten wünschen ihrem lieben Kasper die Puppen aus dem Puppenhaus." Kasper war so überrascht und verwirrt, daß er sich einfach neben die Päckchen auf den Boden plumpsen ließ und ein ganz dummes Gesicht machte. Was war denn das? Die anderen hatten ihn doch lieb? Schnell legte er die Päckchen in den Koffer zurück, schloß ihn und stellte ihn an seinen Platz.

„Nein, so etwas!" sagte er und schüttelte den Kopf. „Da habe ich geglaubt, keiner mag mich leiden! Und gerade in dem Koffer, mit dem ich ausreißen wollte, entdecke ich die Geschenke, die sie für mich bereit haben! Ich muß mich ja schämen! Wie konnte ich nur so dumm und mißtrauisch sein? Eigentlich verdiene ich gar nicht, daß sie mich so reich beschenken!"

Zum erstenmal seit langer Zeit machte Kasper am nächsten Morgen wieder ein fröhliches Gesicht und lachte. Die Spielsachen waren erfreut, als sie das sahen, denn so hatten sie ihren Kasper am liebsten. Sie hatten es schrecklich gefunden, daß er eine Zeitlang immer mürrisch und finster ausgesehen hatte, und sie konnten sich nicht denken, warum. Daß er unglücklich gewesen war, ahnten sie ja nicht.

In den beiden letzten Tagen vor Weihnachten arbeitete Kasper mit großem Eifer an seinen Geschenken; er wollte für jeden noch eine besondere Überraschung bereit haben. Dabei sang und pfiff er und machte tausend Späße.

„Jetzt ist er wieder ganz wie früher, unser lieber Kasper", sagten die Spielsachen zueinander, als er sie einmal nicht hören konnte. „Der liebe, gute kleine Kerl! Wie schön, daß wir alles bekommen haben, was er sich zu Weihnachten wünschte! Wir mußten ihn ja nicht einmal fragen, weil wir genau wußten, was er haben wollte: die Knöpfe für seinen Kittel, die Schnürsenkel für seine Schuhe, den kleinen Kamm und etwas Süßes zum Naschen. Und ein paar Überraschungen sind auch noch dabei. Na, er wird Augen machen!"

Bei der Bescherung machte Kasper wirklich große Augen. Er durfte gar nicht daran denken, daß er beinahe ausgerissen wäre. Dann hätte er jetzt einsam und tieftraurig irgendwo in der Fremde gesessen – nur weil er geglaubt hatte, niemand habe ihn lieb!

James Krüss | **Ladislaus und Annabella**

In der Ecke eines Fensters
Unten rechts im Warenhaus
Sitzt die Puppe Annabella
Mit dem Bären Ladislaus.

Annabella weint und jammert,
Ladislaus, der grunzt und schnauft:
Weihnachtsabend ist gekommen,
Und die zwei sind nicht verkauft.

„Armer Bär!" seufzt Annabella.
„Arme Puppe!" schluchzt der Bär.
Tränen kullern in die Ecke.
Und das Herz ist beiden schwer.

In dem leeren Warenhause
Löscht man langsam Licht um Licht.
Nur in diesem einen Fenster,
Da verlöscht die Lampe nicht.

Voller Mitleid mit den beiden
Läßt der brave alte Mann
Von der Wach- und Schließ-Gesellschaft
Diese letzte Lampe an.

Dann verläßt er Annabella
Und den Bären, welcher klagt
Und mit sehr gepreßter Stimme
„Lebewohl" und „Servus" sagt.

In der menschenleeren Straße,
Abendstill und schneeverhüllt,
Sind die beiden in dem Fenster
Ein betrüblich Jammerbild.

Traurig vor der großen Scheibe
Fallen Flocken, leicht wie Flaum.
Und im Hause gegenüber
Glänzt so mancher Weihnachtsbaum.

Zehn Uhr schlägt's vom nahen Turme,
Und fast schlafen beide schon,
Da ertönt im Puppenhause
Laut das Puppentelefon.

„Hallo", fragt der Bär verschlafen.
„Hier das Kaufhaus. Wer ruft an?"
Da vernimmt er eine Stimme,
Und die brummt: „Der Weihnachtsmann."

„Oh", ruft Ladislaus erschrocken.
„Was darf's sein, ich bitte sehr?"
„Eine schöne Puppenstube,
Eine Puppe und ein Bär."

„Das ist alles noch zu haben!"
Ruft die Puppe Annabell.
„Kommen Sie zum Warenhause
Unten rechts, doch, bitte, schnell!"

Das ist eine Überraschung.
Ladislaus kämmt schnell den Schopf,
Und die Puppe Annabella
Flicht ein Schleifchen in den Zopf.

Und schon zehn Minuten später
kommt ein Schlitten, kommt ein Roß.
Und ein Alter steigt vom Schlitten.
Und ein Schlüssel knarrt im Schloß.

Ladislaus, der quiekt und jodelt,
Annabella lacht und singt,
Als der Weihnachtsmann die beiden
In den Pferdeschlitten bringt.

Grad in diesem Augenblicke
Kommt der brave alte Mann
Von der Wach- und Schließ-Gesellschaft
Wieder kontrollierend an.

Höflich grüßt er die Gesellschaft,
Springt zurück ins Warenhaus,
Holt die schöne Puppenstube,
Und dann trägt er sie hinaus.

Leise sagt er zu der Puppe:
„Frohes Fest, mein liebes Kind",
Während eine kleine Träne
In den großen Schnauzbart rinnt.

„Frohes Fest", sagt Annabella.
„Frohes Fest", sagt Ladislaus.
Dann wird's dunkel in dem Fenster
Unten rechts im Warenhaus.

2. Teil

Vor langer Zeit in Bethlehem

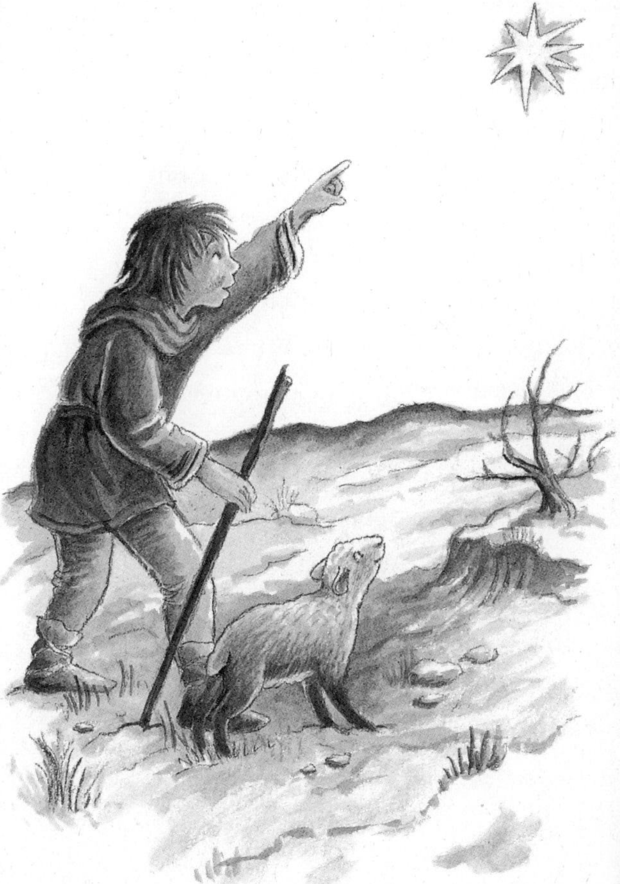

Der frühe Wintersturm trug ganze Wellen von Schnee heran. Das kleine Pfarrdorf Oberndorf bei Salzburg schmiegte sich noch geduckter an den weiten Bogen der Salzach. Heute war es sehr kalt, denn auf dem rauschenden Wasser des Flusses wirbelten Eisschollen herab und schoben sich knirschend auf den Uferrand.

Die kleine bayrische Stadt Laufen jenseits des Flusses war an jenem Morgen des Heiligen Abends 1818 hinter den weißen Schneewirbeln kaum mehr sichtbar. Nur der Hall der Morgenglocke klang über das Wasser herüber. Oder war es die Kirchenglocke von Oberndorf?

Der junge Pfarrvikar Josef Mohr öffnete das Fenster des kleinen Pfarrhofes und lauschte in das Stürmen hinaus. Ach, es war richtig seine eigene Kirche, die ihn rief!

Er schloß das Fenster rasch und machte sich zum Kirchgang bereit. Doch bevor er aus der warmen Stube trat, fiel sein Blick noch einmal auf das weiße, engbeschriebene Blatt, das auf dem Tische lag. Er lächelte froh. Nun konnte der Freund kommen – er hatte sein Versprechen erfüllt!

Am Abend des vergangenen Tages hatte den Pfarrvikar der Lehrer und Organist Franz Gruber aus Arnsdorf besucht. Sie hatten über die Mitternachtsmette des Heiligen Abends gesprochen.

„Ich wollte nur eines – ein neues Lied!" seufzte der Organist. Der Pfarrvikar schüttelte verwundert den Kopf.

„Ein Lied? Du hast doch Kirchenlieder genug", meinte er.

„Ach, Lieder wohl! Aber doch keines, das so recht das Herz der Kirchengänger erfaßt. Stell es dir doch ein wenig vor: Die Bauersleute kommen mitten in der Nacht eine ganze Stunde weit herzu. Daheim haben sie die Krippe aufgestellt, und vielleicht konnte mancher auch die Weihnachtsbotschaft in der Hauskapelle vorlesen. Ihre Herzen sind noch voll davon – und in der Kirche sollen sie nur ein lateinisches Lied hören?" Der etwas ältere Lehrer und Organist hatte sich heißgeredet.

Auch Josef Mohr, der Vikar, spürte es warm im Herzen werden. Ein Lied sollte man haben, ein heimisches Lied! Ein Gedanke tauchte auf. „Soll ich es zu dichten versuchen?"

Franz Gruber sprang auf. „Willst du es wirklich tun?" fragte er.

„Versuchen will ich es!" nickte der Vikar. „Aber du mußt halt zufrieden sein mit dem, was ich fertigbringe."

„Du kannst das Lied dichten – lebe dich nur recht hinein

in das Wunder von Bethlehem! Denk dir nur, du wärest selber ein armer Hirt und kämst voll Staunen hin zum Stall!"

„Arme Hirten", nickte langsam der Pfarrvikar, „das sind wir doch alle zwei, du und ich …"

Josef Mohr hatte bis tief in die Nacht hinein geschrieben und gereimt. Die Stube wurde allmählich kalt; nur in seinem Herzen wuchs die Flamme der heiligen Freude. Und als er sich erhob, meinte er noch den leisen Flügelschlag des Engels auf dem Feld von Bethlehem zu spüren.

So war es wohl verständlich, daß Josef Mohr jetzt am Morgen schon von weitem dem Organisten Franz Gruber zunickte, der ihn bereits vor der Kirche in Oberndorf erwartete.

„Wie heißt dein neues Lied?" fragte der Organist voll Erwartung.

„Wie soll ich es nennen – es beginnt halt einfach mit den Worten ‚Stille Nacht – heilige Nacht'."

Franz Gruber brachte diese Worte nicht mehr aus seinen Gedanken fort. Noch in der Kirche summte er leise vor sich hin: „Stille Nacht – heilige Nacht!"

120 Und während er später mit dem Gedicht in der Tasche nach dem wohl eine gute halbe Stunde entfernten Arnsdorf heimging, wuchs ihm aus dem Winterwind und

dem leisen Flockenfall der erste Takt der neuen Melodie zu …

Die Dämmerung des Heiligen Abends senkte sich herab, da war auch Franz Gruber mit seiner Komposition zu Ende. Er spielte die Melodie auf seiner Gitarre, denn zu einem Harmonium hatte er es mit seiner kargen Entlohnung als Dorfschulmeister noch nicht gebracht. Jeder Ton ging zu Herzen und hob es empor zur heiteren Freude.

Ach, diesmal konnten sie der alten Kirchenorgel von Oberndorf leicht entraten! Diese war ja schon so schwindsüchtig und der Balg durchlöchert, daß der Orgelbub mit dem Treten kaum mehr fertig wurde. Heute sollte er rasten dürfen.

Es begann eine stille Winternacht. Der Wind war eingeschlafen, nur der Schnee sank immer noch lautlos vom Himmel. Von allen Seiten schwankten über den verschneiten Wegen und Straßen die Lichter herzu. Die wortkargen Bauersleute und die vermummten Bäuerinnen lösten sich vor der Kirche aus ihren Umhüllungen, schüttelten den Schnee von den Schultern und bliesen die Lämpchen aus. Gefaßt und voll Ruhe wie immer traten sie in die kerzenhelle Kirche.

Der alte Pfarrer von Oberndorf verlas langsam und voll innerer Bewegung das Weihnachtsevangelium: „In jener Zeit ...“

Als er geendet hatte und über die stumme Schar der Andächtigen hinblickte, las er gespannte Erwartung in den Gesichtern. Die Orgel schwieg. Der junge Pfarrvikar Josef Mohr und der Lehrer Franz Gruber standen nebeneinander auf der Orgelempore.

In die große Stille hinein erklangen ein paar einstimmende Gitarrenklänge. Nun kam das neue Lied – wie wurde es aufgenommen?

Da setzten, zaghaft erst, die Stimmen der beiden Freunde ein, die das neue Weihnachtslied geschaffen hatten:

> *„Stille Nacht, heilige Nacht,*
> *alles schläft, einsam wacht ...“*

Unten in der Kirche war das letzte Geräusper verstummt. Atemlos horchten die einfachen Menschen. Strophe um Strophe des neuen Liedes füllte sich. Hier und da begannen manche Augen feucht zu schimmern; leise, scheue Tränen glitten über die Wangen ernster Bauerngesichter.

Die Heilige Nacht gewann plötzlich neuen Glanz; sie leuchtete mit ihrem Licht bis ins dunkelste Herz. Es war den ersten Zuhörern, als hätte der Himmel selber sich einen Spalt weit aufgetan ...

Das letzte Wort verklang, der feine Ton der Gitarre verstummte. Alle warteten noch eine Weile, als könnte und könnte das Lied doch nicht schon zu Ende sein. Der Nachhall sang noch in ihren Herzen.

Und als die Mitternachtsmette des Jahres 1818 in Oberndorf an der Salzach ausklang, da war ein Lied geboren worden, das wie kein anderes bis heute die ganze Welt umspannt in seiner Einfalt und Größe, das heute in allen Sprachen erklingt – das schönste Weihnachtslied.

Stille Nacht

Stil - le Nacht, hei - li - ge Nacht! Al - les schläft,
ein-sam wacht nur das trau-te hoch - hei - li - ge Paar.
Hol-der Kna-be im lok-ki-gem Haar, schlaf in himm-li-scher
Ruh,— schlaf in himm-li-scher Ruh.—

Stille Nacht, heilige Nacht!
Hirten erst kundgemacht;
durch der Engel Halleluja
tönt es laut von fern und nah:
Christ, der Retter, ist da,
Christ, der Retter, ist da!

Stille Nacht, heilige Nacht!
Gottes Sohn, o wie lacht
Lieb aus deinem göttlichen Mund,
da uns schlägt die rettende Stund,
Christ, in deiner Geburt,
Christ, in deiner Geburt!

124

Krippenlied

Still, still, still!
Weils Kinderl schlafen will.
Maria tut es niedersingen,
ihre große Lieb darbringen.
Still, still, still!
Weils Kinderl schlafen will.

Schlaf, schlaf, schlaf!
Mein liebes Kinderl, schlaf!
Engerl tun schön musizieren,
bei dem Kinderl jubilieren.
Schlaf, schlaf, schlaf!
Mein liebes Kinderl, schlaf!

Volksgut

D. A. Cramer-Schaap | Besuch im Stall

Wie war es doch möglich, daß Jesus, Gottes Sohn, in einem Stall geboren wurde? Zu Maria hatte Gott doch gesagt, Er solle einmal König werden! Und Könige werden in einem Palast geboren, nicht in einem Stall.
Ich werde euch erzählen, wie das kam.

Maria erwartete ein Kind, wie es ihr der Engel verkündet hatte.
Und da mußte sie sich auf eine Reise begeben!
Warum? Sie wäre doch sicherlich viel lieber zu Hause geblieben!
Ja, aber alle Leute mußten sich an den Ort begeben, aus dem ihre Familie stammte. Dort wurden ihre Namen in ein großes Buch eingetragen. So wollte es der Kaiser. Und was er wollte, hatte zu geschehen.
Nun stammten Josefs und Marias Vorfahren aus Bethlehem. Ihr erinnert euch wohl: Ruths Sohn war der Großvater Davids, der ebenfalls in Bethlehem wohnte, bevor er König wurde. Mit ihm waren die beiden verwandt, deshalb reisten Maria und Josef nach Bethlehem.
Sie fuhren nicht etwa mit dem Zug oder mit dem Autobus – so etwas gab es noch nicht. Aber sie reisten mit einem Eselchen, auf dem Maria sitzen konnte.

Sie kamen in Bethlehem an. Wie froh war Maria. Denn sie war müde. Aber oh, wie voll war es da! Natürlich waren gleich ihnen eine Menge Leute nach Bethlehem gekommen.

Die müden Wanderer klopften hier an, sie klopften dort an.

Überall die gleiche Antwort: „Kein Platz!" Auch die Herberge war voll belegt.

Zum Glück gab es auch damals Menschen, die Mitleid hatten. So durften sie in einem Stall schlafen. Und dort wurde das Kind geboren.

Eine Wiege gab es nicht. „Aber guck mal", sagte Josef, „die Krippe, aus der die Kuh frißt, ist gerade wie eine Wiege. Da legen wir Ihn hinein."

Windeln waren auch nicht da. Doch hatte Maria ein paar Tücher bei sich. Darum hatte der Engel zu den Hirten sprechen können von einem „Kind, das in Tücher gewickelt in einer Krippe liegt".

Als das Kind schlief und alles ruhig war, kam Besuch. Hirten fragten, ob sie hineinkommen dürften. Maria war erstaunt. Woher wußten die Männer, daß hier heute nacht ein Kindchen geboren worden war? In einem Stall erwartet man doch kein kleines Kind?

Noch weniger begriff sie es, daß die rauhen Männer vor Jesus niederknieten. Das war man von Hirten nicht gewöhnt. Die knieten nicht. Vor niemand.

Als die Hirten fort waren, dachte sie lange darüber

nach. Erst der Besuch des Engels! Jetzt die Hirten! Das war doch seltsam! Aber später sollten sie noch mehr Besuch bekommen.

Nicht von Engeln. Oder von Hirten. Sondern von Königen!

Sie kamen auf Kamelen geritten und hatten eine lange Reise hinter sich.

„Wie habt ihr uns gefunden?" fragte Josef, als er sie hineinließ. Maria hörte, daß sie sagten, ein Stern habe ihnen den Weg gezeigt.

Über dem Stall war ein Stern stehengeblieben!

Ehrerbietig näherten sich die drei Könige dem Kind.

Ehrerbietig knieten sie nieder.

Ehrerbietig überreichten sie Jesus ihre Geschenke.

Kostbare Geschenke, in goldenen Kästchen: Gold, Weihrauch und Myrrhe.

Als sie gegangen waren, versank Maria wieder in Gedanken.

Ihr war ein wenig bange zumute.

Das war doch alles recht ungewöhnlich: Besuche von Engeln, von Hirten und von Königen!

Und ein Stern, der den Königen den Weg gezeigt hatte!

Wie würde das Leben dieses Kindes wohl einmal werden?

Die Nacht war kalt und klar. Die Luft flimmerte eisig. Die Sternenmutter konnte mit ihren unzähligen Kindern zufrieden sein; sie alle glitzerten und strahlten mit einer unermüdlichen Leuchtkraft auf die dunkle Erde hernieder. Der Mond hatte sich zwar zu Beginn der Nacht hinter einer Wolke verhüllt, um mit der Jungfrau tändeln zu können. Doch die allzeit wachsame Mutter rief ihre Tochter herbei und wies sie auf ihren angestammten Platz. In ihrem Revier wollte sie Ordnung haben. Sie mochte es nie dulden, wenn eines ihrer Anvertrauten davonhüpfte oder gar als Sternschnuppe der Erde zuraste. Der junge Mondmann entledigte sich seines Nebelverstecks. Nun ließ er sein Licht verschwenderisch über das Erdenrund fließen.

Die rundliche Sternenmutter rief ihren Kindern zu: „Nun könnt ihr vor Sonnenaufgang eine Weile auf der Milchstraße bummeln gehen."

In wiegendem Reigen tanzten bald Tausende von Sternen der breiten Milchstraße zu. Heute nacht war sie glatt wie ein Spiegel und vereist wie ein Gletscher.

Einige Sterne tanzten Ringelreihen, die andern machten Fangspiele, während der Große Bär neugierig herangewackelt kam. Auch der Kleine Hund nahm mit behenden Sprüngen am frohen Treiben teil. Die Zwillinge ritten auf dem Delphin, der Wassermann vergnügte sich mit der Taube. Der Schwan zog in abweisendem Stolz eine mächtige Schleife. Nur die Jungfrau hielt sich schmollend abseits. Sie wäre lieber beim Mond gewesen. Nun ergriff sie den Schweif eines Kometen, um sich im wippenden Auf und Nieder durch den unermeßlichen Raum schwingen zu lassen. Ein glühender Meteor neidete ihnen das Spiel. In rasender Eile flog er auf sie zu, um die beiden zu trennen. Die Jungfrau ließ sich seitwärts schaukeln, worauf die Feuerkugel in rasendem Sturz ins Leere fiel.

„Eine Sternschnuppe", mochten die Menschen tief unten ausgerufen haben. „Ein Stern fällt, laßt uns etwas wünschen!"

Die Sternenmutter thronte in der Nähe der Milchstraße. Sie schaute zufrieden dem Spiel ihrer Kinder zu. Da bemerkte sie wieder, wie so oft, wie einer ihrer Sterne, abseits von den Geschwistern, glanzlos sein Dasein fristete. Das Herz der Mutter wurde schwer bei diesem Anblick. Bisher hatte keine Fürsorge geholfen, ihr Sorgenkind zum Leuchten zu bringen. Immer blieb der Kleinste blaß, der belebende Funke fehlte. – Die Mutter konnte nicht wissen, daß seine Zeit noch nicht gekommen war.

Heute nacht nahm die bekümmerte Mutter ihr erlöschendes Kind auf den breiten Schoß. Sie streichelte seine kalten Zackenfinger und versuchte, ihnen etwas

Licht einzuhauchen. Später legte sie es in ein Wolken-
bett und deckte es zu. Dann ließ sie es ruhen. –

Immer noch spielten die Sterne auf der Milchstraße.
Dann aber machte die goldene Lichtflut der aufgehen-
den Sonne dem nächtlichen Treiben ein jähes Ende. Es
wurde Tag. –

Abends verhüllten Wolken das Firmament. Weder
Mond noch Sterne vermochten die graue Wand zu
durchbrechen. Die Jungfrau saß auf einer Wolkenbank.
Ihr Harfenspiel klang geisterhaft durch das All. Ihr
kränklicher Bruder hörte zu. Es gebrach ihm immer
mehr an Licht. Er spürte das große Erlöschen an sich
herankommen.

Zu jener Zeit war eine Winternacht nicht wie die anderen Nächte. Kein Stern vermochte auf die Erde niederzustrahlen. Es gab kein Spiel mehr auf der Milchstraße. Welch unheimliche Nacht, dachte die Sternenmutter. Sie konnte sich an keine ähnliche Dunkelheit erinnern. Sie schwebte von einem Stern zum andern, um jedes feinste Stäubchen von ihnen wegzublasen. Dann fegte sie mit dem Arm die Zacken rein.

Als der kranke Stern erwachte, war er immer noch schrecklich müde. Ja, er wurde zusehends schwächer. Jetzt klebte er an einer Wolke. Ohne diesen Halt wäre er gewiß ins All niedergestürzt und nie mehr zum Vorschein gekommen.

Es fror ihn durch und durch. Seine Zackenfinger waren ganz steif. Jetzt kam das Verglimmen. Plötzlich spürte er eine leichte Hand. Ihn berührte die Hand eines Engels. Er sprach: „Kleiner Bruder, wach auf! Deine Zeit ist gekommen! Du bist ausersehen, die Weisen aus dem Morgenland nach Bethlehem zu führen."

„Wie soll denn das geschehen, da ich doch am Erlöschen bin?"

Der Engel sprach: „Heute nacht ist der Knabe Jesus auf die Welt gekommen. Er liegt in Bethlehems Stall in einer Krippe. Du bist der Stern, der drei Könige dahin führen soll."

Bei dieser Botschaft fühlte der erlöschende Stern eine wahre Feuerglut in sich hineinströmen. Er ward augenblicklich von einem gleißenden Licht erfüllt. Er wurde groß und größer. Kein anderer Stern konnte sich mit ihm vergleichen. Seine Geschwister konnten ihn kaum erkennen. Was war mit ihm geschehen und warum? –

Der Mutter war die Veränderung zuerst aufgefallen. Sie wußte, nun war ein Wunder geschehen. Ihr Sorgenkind war zum Leitstern auserkoren worden. Sie hatte keine Fragen mehr.

Der Stern ging nun seine vorgeschriebene Bahn. Unbeirrbar führte er die Könige, die Hirten, das Volk. Eines Nachts blieb er über dem Stall von Bethlehem stehen. Mit seinem Glanz überflutete er das armselige Obdach. Einen kurzen Augenblick durfte er sein Licht auf des Knaben Antlitz ruhen lassen. Da wurde der Leitstern noch größer, noch strahlender. Nie zuvor hatte ein schönerer am Himmelsgrund geglänzt. –

Während des Jahres war der Stern nicht mehr als etwas Besonderes zu erkennen. Er war nur noch einer von vielen, die die Nächte freundlich erhellten. – Nur einmal im Jahr, während der Christnacht, wächst er aus allen anderen heraus. Den Menschen auf Erden ist er heute noch der Leuchtstern. Sie blicken empor und erkennen ihn. Sie wissen um seine Geschichte. Sie freuen sich, weil er auch ihnen leuchtet.

Deshalb gaben sie ihm den Namen Weihnachtsstern!

Es kam die gnadenvolle Nacht

Es kam die gnadenvolle Nacht,
wie leuchtete des Mondes Pracht;
wie glitzerte der Sterne Schar,
als Jesus Christ geboren war.
   Gelobt sei Jesu Christ.

Froh jubelte der Engel Heer,
Gott hoch im Himmel, Gott sei Ehr',
und Fried' und Freud' und Seligkeit
herrsch' auf der Erde weit und breit.
   Gelobt sei Jesu Christ.

Auf goldnen Wolken sangen so
die Engel Gottes, himmelfroh,
und hoch beglückt und hoch entzückt
hat sie der Hirten Schar erblickt.
   Gelobt sei Jesu Christ.

Die hocherfreuten Hirten gehn,
in Windeln Gottes Sohn zu sehn,
erblicken in der Krippe ihn
und sinken auf die Knie hin.
   Gelobt sei Jesu Christ.

Und wer das holde Knäblein sah,
war froh und sprach: Der Herr ist da!
Es kommt sein gnadenvolles Reich:
Welch Kind ist diesem Kinde gleich?
Gelobt sei Jesu Christ.

Ja, Gottes Lieb' ist unumschränkt,
ein Gott, der seinen Sohn uns schenkt,
schenkt alles, was uns heilsam ist,
schenkt alles uns durch Jesum Christ.
Gelobt sei Jesu Christ.

Volksgut

Günter Spang | **Ochs** und **Esel**

Im Stall der Herberge von Bethlehem standen ein Ochs und ein Esel. Der Esel hieß Schnuff. Leider war es kein besonders ordentlicher Stall, denn das Dach war kaputt. Und der Ochs war ein grober, ungehobelter Geselle. Wollte sich Schnuff an ihm wärmen, stieß der Ochs ihn jedesmal mit den Hörnern. Auch fraß der Ochs immer so gierig das Heu, daß für Schnuff kaum etwas übrigblieb. Von Woche zu Woche wurde der Ochs fetter. Schnuff aber wurde immer magerer.

Fuhr der Herbergsvater zum Markt, mußte immer Schnuff den schweren Wagen ziehen. Der Ochs war nämlich so wild, daß niemand ihn einzuspannen wagte. Für Schnuff, den Esel, war das kein schönes Leben. Er war deshalb die meiste Zeit traurig.

Er war es auch in der Weihnachtsnacht, in der mit einem Mal der Stern über dem Stall stand. Dicht über dem kaputten Dach stand er: ein großer, wunderbarer Stern. Er erleuchtete den ganzen Stall. Da fühlte sich Schnuff wie verzaubert, und seine Traurigkeit verflog, als sei sie nie dagewesen.

137

Und als dann der Zimmermann und die Jungfrau Maria in den Stall hereinkamen, in den der hartherzige Herbergsvater sie wies, rief Schnuff, der Esel, laut „I-a". So sehr freute er sich. Und er wußte nicht einmal recht, warum. Maria lächelte darüber, und Josef kraulte Schnuff hinter den Ohren. Da war Schnuff ganz selig. Es war das erste Mal, daß jemand das tat.

In dieser Heiligen Nacht brachte Maria das Jesuskind zur Welt. Das Jesuskind schrie so laut, daß sich dem Esel Schnuff vor lauter Schreck die Haare in die Höhe stellten. Doch dann sagte sich Schnuff: Es schreit bestimmt, weil es friert. Deshalb schob er seinen Kopf ganz nahe an die Krippe heran, in der das Jesuskind lag. Er blies das Jesuskind mit seinem warmen Atem an, bis es sich beruhigte und einschlief. Der Ochs stand breitbeinig da und glotzte verlegen.

Am frühen Morgen eilten Hirten von den Feldern herbei: Einer trug einen mächtigen Heuballen auf dem Rücken. Von diesem Heu gab Josef dem Esel Schnuff und dem Ochsen zu fressen. Schnuff sah dabei zu seinem Erstaunen, daß der Ochs viel weniger fraß als sonst. Ja, schließlich schob der Ochs sogar einen großen Teil seiner Portion mit dem Maul zu Schnuff hin. Er drängte sich sanft an Schnuff heran und leckte ihm zärtlich das struppige Fell.

Dem Herbergsvater gegenüber war der Ochs nicht so sanft. Als der kurz darauf in den Stall hineinguckte, versetzte der Ochs ihm mit den Hinterbeinen einen kräftigen Stoß, und er flog in hohem Bogen zur Tür hinaus. Jetzt hatte der Herbergsvater seine Strafe dafür, daß er Maria und Josef in den armseligen Stall geschickt hatte, statt ihnen ein Zimmer in der Herberge zu geben. Maria aber drohte lächelnd mit dem Finger und sagte: „Schäm dich, Ochs!"

Nachmittags schaffte Josef Bretter herbei und flickte damit das Dach. Nun konnte es nicht mehr hereinregnen. Nun war es sehr gemütlich im Stall. Zumal jetzt auch der Ochs für Wärme sorgte. Einmal blies er das Jesuskind mit seinem Atem an, einmal tat das Schnuff. Von nun an wechselten sie sich ab.

Nur als die Heiligen Drei Könige zum Jesuskind kamen und es anbeteten, da stellten sich Schnuff und der Ochs geschwind in den hintersten Winkel des Stalles. Weil sie den Weihrauch nicht mochten! Der juckte sie ganz entsetzlich in der Nase. Schnuff mußte in einem fort niesen: „I-a-atschi! I-a-atschi!" Der Esel Schnuff und der Ochs kamen erst wieder aus ihrer Ecke hervor, als die Heiligen Drei Könige weitergereist waren. Weil aber die Heiligen Drei Könige dem Jesuskind ein Kästchen mit Gold und Edelsteinen geschenkt hatten, streckte der Ochs von nun an nachts immer den Kopf zum Stallfenster hinaus.

Die ganze Nacht lang guckte er nach draußen, rollte die Augen und machte ein grimmiges, furchterregendes Gesicht. Damit sich ja kein Dieb in den Stall hereinwagte! Schnuff, der Esel, vertrieb inzwischen mit dem Schwanz eifrig die Nachtfalter und paßte auf, daß sich keiner dem Jesuskind auf die Nase setzte. So sorgten Schnuff und der Ochs unermüdlich für die Heilige Familie.

Dann kam die Nacht, in der Josef und Maria ihre Habseligkeiten zusammenpackten, denn sie wollten mit dem Jesuskind nach dem Land Ägypten ziehen. Da trat reumütig der Herbergsvater in den Stall. Er sagte zu Josef: „Ich hab für das Jesuskind noch ein Geschenk!" Und er ging zu Schnuff hin und faßte ihn am Hals. Er kraulte Schnuff auch ein wenig hinter den Ohren, dann führte er ihn aus dem Stall hinaus. Der Herbergsvater sagte: „Schnuff soll Maria und das Jesuskind tragen! Mit ihm werdet ihr viel schneller und auch bequemer vorwärtskommen!" Schnuff, der Esel, rief daraufhin laut und fröhlich: „I-a! I-a! I-a!" So durfte Schnuff mit der Heiligen Familie auf die Reise gehen.

Geduldig und brav trug er Maria und das Jesuskind, und kein Weg war ihm zu steinig, und kein Weg war ihm zu lang. Der Ochs mußte zurückbleiben. Von nun an zog er den schweren Wagen, wenn der Herbergsvater zum Markt fuhr. Anfangs kam er sich ohne Schnuff recht verlassen vor, das kann man sich denken. Der große, wunderbare Stern aber, der über dem Stall stand, blieb bei ihm. Solange er lebte.

Werner Bergengruen | # Die Hirten

Es roch so warm nach den Schafen,
Da sind sie eingeschlafen.
O Wunder, was geschah:
Es ist eine Helle gekommen,
Ein Engel stand da.

Sie haben sein Wort vernommen,
War schwer zu verstehen.
Sie mußten nach Bethlehem gehen
Und sehen.

Sie haben vor der Krippen
Aus runden Augen geschaut.
Sie stießen sich stumm die Rippen.
Einer hat sich gekrault,
Einer drückte sich gegen die Wand,
Einer schneuzte sich in die Hand
Und wischte sich über die Lippen.

Aber Iwan Akimitsch, der vorne stand,
Der den heimlichen Branntwein braut,
Iwan Akimitsch vom Wiesenrand,
Iwan Akimitsch hat sich endlich getraut,
Hat dreimal gespuckt,

Dreimal geschluckt,
Dann sagte er laut:

„Wir haben nicht immer gut getan.
Du liebes Kind,
Schau uns nur einmal freundlich an.
Geh, tu's geschwind."

Da war ihnen leicht, sie wußten nicht wie,
Da fielen sie alle in die Knie,
Da lachte das Kind und segnete sie.
Josef lächelte und Marie.

Walter Schmidkunz | **Die Weihnachtsrosen**

Zwischen Ochs und Esel gebettet, lag das Jesuskind im Stall auf elendem Heu. Maria im blauen Kleid wachte bei der Krippe und verträumte sich in ihr Glück. Joseph hatte die rauhen braunen Hände gefaltet und betete mit murmelnden Lippen. Der Ochs brüllte: „Muh, muh, welch großer Tag!" und der Esel rief: „Wie schön ist das Kind, j-jah!"

Die Nacht kam, und es stürmte draußen und schneite und fror. Ein Flockenschleier hing manchmal vor dem großen Stern, der tief am Himmel stand; aber sein Leuchten war so gewaltig, daß er alles mit Helle überflutete und den Stall und sein heiliges Geheimnis in lichtes Glänzen tauchte. Es waren aus dem fernen Morgenland die Heiligen Drei Könige gefahren, geritten, gezogen gekommen. In kostbarstes Brokatgewand, in schwere Samte gehüllt, angetan mit dem Schmuck der köstlichsten Edelsteine, umknieten sie das Kind, das mit großen offenen Augen und gebreiteten Ärmchen in der Krippe lag, und brachten ihm Gold, um in ihm den König aller Könige zu ehren, und schenkten Weihrauch, der in wundersamen Gerüchen aufschwelte, um Gott in ihm zu erkennen, und sie legten allesheilende Myrrhen nieder an der Wiege für den Heiland und Menschensohn.

Und es waren aus ihren Pferchen die Hirten vom Felde gekommen und opferten ein Lämmlein und ein Zicklein, schenkten eine Taube und ein Kuhhorn, aus dem man trinken konnte, und einer brachte eine Hirtenflöte, und Ysambert, der Alte, hatte einen richtigen Holzkalender gefertigt, der die Tage und Monate anzeigte. Eine Kinderklapper zog Aloris aus seiner Hirtentasche, die hatte er selbst geschnitzt, und sie machte klipp-klapp, und das Jesuskind lachte und griff nach der lustigen Klapper.

Hinter den großen Hirten stand in scheuer Furcht ein kleines Hirtenmädchen in zerschlissenem Fähnchen. Es hob sich in neugieriger Andacht auf die Zehenspitzen, damit seine blauen Augen auch etwas sähen. Aber die breiten Schultern der Männer deckten schier alles zu, und so mußte es zwischen den Hirtenbeinen durchgucken. Was es da sah, war ein gar großes Erleben für das Kind, und als es das herzgoldige Kind in der Krippe erblickte, da hätte das Mädchen das Wiegenkind am liebsten an sich gedrückt und es geherzt und auf den Armen geschaukelt und ihm die allerschönsten Geschenke gebracht. Aber es hatte ja nichts zu geben, ein Kirchenmäuslein hätte eher etwas zu verschenken gehabt als dies bettelärmste Kind. Seine vom Kartoffelhacken und Reisigsuchen abgearbeiteten Hände waren leer, ganz leer. Da kamen ihm über seine Armut die bitteren Tränen.

Hoch von seinem Wolkenthron herab sah der Engel Gabriel das Mädchen in seinem Leid, und er stieg vom Himmel nieder, kam unbemerkt herein in die armselige Hütte und erfragte des Kindes Kummer: „Ach, ich möchte gleich den anderen dem Kindlein in der Wiege ein Geschenk bringen und habe nichts."

„Was möchtest du ihm denn schenken?" fragte die milde Engelsstimme.

„Die Hirten und die Könige haben dem Jesuskind ja schon alles gebracht, was man sich nur ausdenken kann."

„Haben sie denn wirklich nichts vergessen?" forschte der Engel weiter, „denk einmal nach!"

Das Hirtenmädchen hatte nicht lang zu überlegen: „Ja, wenn ich ihm Rosen bringen könnte, weiße oder rote Rosen! Das Kind hat ja nicht ein einziges Blümchen bekommen, und es ist doch heut sein erster Geburtstag. Aber es ist ja tiefer Winter, und der Frühling mit seinen Blumen ist noch so weit."

Da nahm der Engel das Mädchen bei der Hand. Sie gingen hinaus aufs verschneite Feld, und es war lichte Helle um sie her. Der Engel schlug mit seinem Stab auf die Erde, und da geschah das liebliche Wunder: Es sprossen überall kleine Blumen hervor, köstliche wilde Rosen. Aus silberweißen Kelchen, deren Blätter zarter waren als feinster Alabaster, leuchteten die Honigblätter als goldenes Kreuz wie ein Abbild des strahlenden

146

Himmelszeichens, das überm weißen Schneefeld stand. In seiner Schürze sammelte das arme Hirtenkind die Christrosen und lief hinein in den Stall und schüttete seinen Blumensegen aus über die Krippe und das Kind, daß es ganz in Blüten gebettet war. Und es durfte auch, wie es sich so sehnlich gewünscht hatte, das Christkindlein in seinen Armen wiegen und herzen, und das göttliche Kind drückte seine Lippen auf einige der Blüten, die rosafarben aufschimmerten wie die küssenden Lippen. Und seither hat Weihnachten seine festlichen Rosen, die weißen und rosaroten Christrosen.

Nach einem Märchen aus Frankreich

Als die Heiligen Drei Könige zum Stall von Bethlehem kamen, fanden sie dort die Hirten vor, die von den Herden herbeigeeilt waren und die Krippe des Jesuskindes mit den schlichten Blumen ihrer Felder umschmückt hatten. Denn köstlichere Gaben besaßen diese Armen nicht.

Als nun die Heiligen Drei Könige ihre reichen Geschenke ausgebreitet hatten, staunten die Hirten über diese Kostbarkeiten und sprachen unter sich: „Was sollen unsere armen Blumen noch neben diesen Wunderdingen aus Silber und Gold? Sie werden dem Kinde mißfallen. Laßt sie uns entfernen."

Aber siehe, da schob der Jesusknabe mit dem einen seiner Füßchen die leuchtenden Kostbarkeiten behutsam beiseite, streckte seine kleine Hand nach den Blüten aus und ergriff ein einfaches Gänseblümchen. Er hob es zu seinen Lippen auf und drückte einen Kuß auf seine Blütenkrone.

Seit jener Zeit haben die Gänseblümchen, die bis dahin völlig weiß gewesen waren, am Saume der Blätter ihre Rosenfarbe, die wie ein Schimmer der Morgenröte ist.

148 Sie rührt von jenem Kuß des Gottessohnes her.

Die Heiligen Drei Könige

Wir kommen daher ohn' allen Spott,
ein' schön' guten Abend geb euch Gott.

Wir kommen hierher von Gott gesandt
mit diesem Stern aus Morgenland.

Wir zogen daher in schneller Eil',
an dreißig Tagen vierhundert Meil'.

Wir kamen vor Herodes' Haus,
Herodes schaut' zum Fenster heraus:

„Ihr lieben drei Weisen, wo wollt ihr hin?" –
„Nach Bethlehem steht unser Sinn;

nach Bethlehem, in Davids Stadt,
allwo der Herr Christ geboren ward."

„Ihr lieben Weisen, bleibt heute bei mir,
ich will euch geben gut Quartier." –

„Ach, lieber Herodes, das kann nicht geschehn,
wir müssen den Tag noch weitergehn."

Wir zogen miteinander den Berg hinaus,
wir sahen, der Stern stand über dem Haus.

Wir fanden das Kind, war nackend und bloß,
Maria nahm's auf ihren Schoß.

Und Joseph zog sein Hemdlein aus,
gab's Maria, die macht Windeln draus.

Wir taten unsre Schätze auf
und schenkten dem Kinde Gold, Weihrauch.

Gold, Weiherauch und Myrrhen fein:
Das Kind soll unser König sein!

Volksgut

Max Bolliger | Die **Gaukler**

Es waren auch Gaukler nach Bethlehem gekommen, ein Mann, eine Frau und ein Junge. Sie zeigten auf Straßen und Plätzen und vor den Herbergen ihre Kunststücke.

Der Junge tanzte auf dem Seil, während die Mutter, als Clown verkleidet, Trompete spielte. Mit einem Hut in der Hand sammelte der Vater die Münzen ein, die man ihm zuwarf.

Als die Sonne hinter dem Horizont untergegangen war, kam die Nacht plötzlich und kalt. Die Gaukler suchten Zuflucht in einem Hof oder unter einem Dach, aber niemand duldete sie, denn es waren viele und vornehme Leute gekommen, die Unterkunft begehrten.

Mit ihrem knarrenden Gefährt, das von einem Esel gezogen wurde, fuhren sie zur Stadt hinaus. Es begegnete ihnen niemand außer einem Mann und einer Frau, die hochschwanger war. Sie stellten den Wagen in den Schutz eines Baumes und legten sich zur Ruhe.

Der Junge fand keinen Schlaf.

Er erhob sich. Am Himmel schimmerten die Sterne, und einer davon war größer und leuchtender als alle andern. Es war eine seltsame Nacht. Der Junge in seinem Gauklerkostüm und den Tanzschuhen wagte nur auf den Zehenspitzen zu gehen.

In der Nähe eines Feuers setzte er sich nieder.

Die Hirten schliefen, von merkwürdigen Träumen ge-
plagt. Nur ein Wächter mit seinem Hund stand mürrisch zwischen den Schafen.

„Wir haben keinen Platz für fahrendes Volk", herrschte
er den Jungen an, „tut eine rechte Arbeit, dann könnt
ihr euch am eigenen Feuer wärmen."

Der Junge machte sich erschrocken davon.

Aber plötzlich umhüllte ihn ein Mantel aus Licht und
Wärme. Jemand faßte seine Hand, und zwei Flügel gingen groß über seinem Herzen auf.

Er glaubte zu träumen, denn er konnte niemanden
sehen und keine andere Hand erkennen, die seine kleine
Hand so fest hielt und führte.

Doch sein Herz erkannte den Engel.

Er führte ihn zu den Hirten, die, aufgescheucht aus dem
unruhigen Schlaf, die Augen rieben und sich sehr
fürchteten.

Der Junge sprach die Worte, die der Engel ihm eingab:
„Fürchtet euch nicht, siehe, ich verkündige euch große
Freude, die allem Volk widerfahren wird. Denn euch ist
heute der Heiland geboren, welcher ist Christus, der
Herr, in der Stadt Davids."

Und alsbald fielen tausend Stimmen ein, die lobten Gott
und sangen: „Ehre sei Gott in der Höhe, Friede auf
Erden, und den Menschen ein Wohlgefallen!"

Erfüllt von dem, was sie im Stall erlebt hatten, kehrten
die Hirten am andern Morgen aufs Feld zurück.

Der hartherzige Wächter machte sich sofort mit Geschenken auf, um den Jungen zu suchen, den er vom Feuer gewiesen und den sich der Engel auserwählt hatte. Aber er fand ihn nicht, denn die Gaukler waren noch in der Nacht weitergezogen.

Brüder Grimm | # Die **Haselrute**

Eines Nachmittags hatte sich das Christkind in sein Wiegenbett gelegt und war eingeschlafen; da trat seine Mutter heran, sah es voll Freude an und sprach: „Hast du dich schlafen gelegt, mein Kind? Schlaf sanft, ich will derweil in den Wald gehen und eine Handvoll Erdbeeren für dich holen; ich weiß wohl, du freust dich darüber, wenn du aufgewacht bist."

Draußen im Wald fand sie einen Platz mit den schönsten Erdbeeren; als sie sich aber herabbückt, um eine zu brechen, so springt aus dem Gras eine Natter in die Höhe. Sie erschrickt, läßt die Beere stehen und eilt hinweg. Die Natter schießt ihr nach, aber die Mutter Gottes, das könnt ihr denken, weiß guten Rat; sie versteckt sich hinter einer Haselstaude und bleibt da stehen, bis die Natter sich wieder verkrochen hat.

Sie sammelt dann die Beeren, und als sie sich auf den Heimweg macht, spricht sie: „Wie die Haselstaude diesmal mein Schutz gewesen ist, so soll sie es auch in Zukunft andern Menschen sein."

Darum ist seit den ältesten Zeiten ein grüner Haselzweig gegen Nattern, Schlangen und was sonst auf der Erde kriecht der sicherste Schutz.

Willi Fährmann | # Daniel und der Hund des Königs

Dieser Tag wird ein Glückstag für Daniel werden. Das spürt der Junge gleich, als er aufwacht. Seine beiden kleinen Hunde liegen im Hof und wärmen sich in der Morgensonne. Mutter steht am Feuer und summt ein Lied vor sich hin. Vater hat versprochen, ein Zicklein zu schlachten. Am Abend soll es ein leckeres Mahl geben. Aber bis zum Abend ist es noch lange hin. An einem langen Glückstag kann vieles geschehen. Zuerst will Daniel sich mit anderen Jungen aus seiner Schule an der großen Straße treffen.

An der großen Straße wird der König Herodes heute in seiner Sänfte vorbeigetragen. Daniel soll mit einem Palmwedel winken. „Lang lebe der König" müssen die Jungen schreien, wenn Herodes vorbeikommt. Der Lehrer hat das mit ihnen eingeübt. Jedem Jungen hat er sogar ein kleines Geldstück versprochen, wenn das Hosiannageschrei laut genug ausfällt. Daniel hat gehört, daß der Lehrer diese Jubelpfennige vom Schatzmeister des Königs erhalten hat.

Daniel ist gespannt, wie der große Hund des Herodes aussieht. Die Leute sprechen oft von ihm. Er soll im Festzug dabeisein. Daniel hat Hunde gern.

Als Daniel an der großen Straße ankommt, sind die anderen Jungen bereits da. Aber der Lehrer schimpft nicht. Es ist eben ein Glückstag für Daniel. Er wartet ziemlich lange am Straßenrand. Dann endlich kündigen Trommelwirbel und Trompetenschall den Festzug an.

Prächtig gekleidete Soldaten marschieren vornweg. Es folgen die Priester, die Schriftgelehrten mit ihren spitzen Hüten und die Ratgeber des Königs. Unmittelbar vor der Sänfte trottet der Lieblingshund des Königs Herodes, ein schweres, großes Tier mit einem dunklen Fell und einem wilden Blick. Alle, die den Hund versorgen müssen, knurrt er tief aus der Kehle heraus an, sträubt die Nackenhaare und fletscht die gelblichen Zähne. Gelegentlich beißt er auch zu. Deshalb gehen ihm die Menschen im Palast aus dem Wege.

Der Hund läuft mitten auf der Straße. Er läßt sich von Lärm und Geschrei nicht stören und schaut nicht nach rechts und nicht nach links. Genau an der Stelle, wo Daniel winkt und schreit, bleibt der Hund plötzlich stehen. Der Zug stockt. Der Hund hebt den Kopf, wedelt ein wenig mit dem Schwanz und zerrt so lange an der Leine, bis er dicht vor Daniel steht. Daniel hat keine Angst vor Hunden. Er krault dem Tier das Nackenfell. Als jedoch andere Kinder den Hund streicheln wollen, duckt er sich und knurrt böse.

Herodes winkt den Jungen zu sich heran und schenkt ihm eine silberne Münze. „Melde dich morgen bei Sonnenaufgang an der Pforte meines Palastes", sagt er zu dem Jungen.

„Es ist heute ein Glückstag für dich", sagt der Lehrer zu Daniel. Aber das weiß Daniel schon lange.

Daniel erscheint am nächsten Morgen pünktlich vor dem Palasttor. Er wird eingelassen; von diesem Tag an darf der Junge im Palast arbeiten. Er hat die schmale Nebentür des Thronsaals zu öffnen und zu schließen. Die großen Türen werden von Soldaten bewacht. Lange Männer mit noch längeren Spießen hat der König als Türwächter ausgewählt. Daniel steht an der kleinen Tür. Aber die kleine Tür ist wichtig. Durch diese Tür muß Daniel den Lieblingshund des Königs in den Thronsaal führen. Jedesmal, wenn König Herodes Gäste empfängt, soll der Hund dabeisein. Er legt sich stets zu Füßen des Jungen auf den Marmorfußboden. Nur von Daniel läßt er sich streicheln. Niemand sonst traut sich an das Tier heran, nicht einmal die Soldaten.

Meist verhält sich der Hund ruhig, wenn die Gäste vorgestellt werden. Aber dann und wann knurrt er und blafft. Daniel hat den Eindruck, daß Herodes zu den Menschen, die der Hund anknurrt, unfreundlich ist und sie nur kurz und ungnädig anhört. Offenbar traut der König seinem Hund eine große Menschenkenntnis zu. Hinter dem Rücken des Königs nennen die Saaldiener den Hund gelegentlich „großer Ratgeber" und lachen hinter der vorgehaltenen Hand.

157

Eines Tages werden dem König drei Magier aus dem fernen Morgenland gemeldet. Magier sind kluge, weise Männer, die sich mit den Sternen auskennen. Die Prachttür wird geöffnet, und die Männer treten in den Saal. Daniel bemerkt auf ihren Mänteln den Staub von ihrem langen Weg durch die Wüste.

Der Hund springt auf, jault und winselt freudig und läuft auf die Magier zu. Er schlägt wild mit dem Schwanz und leckt ihnen die Hände. Etwas Ähnliches ist nie zuvor geschehen. Neugierig winkt der König die Weisen zu sich an den Thron. Die Ratgeber des Königs, ja selbst die Saaldiener drängen sich herbei. Sie wollen hören, woher diese Männer kommen und was sie zu berichten haben. Die Magier erzählen von ihrer Wissenschaft.

Sie erforschen den Lauf der Sterne und deuten ihre Botschaft. Schließlich sagt der älteste der drei, ein großer Neger mit tiefschwarzer Haut: „Wir sind gekommen, um den Messias, den neugeborenen König der Juden, zu begrüßen. Wir haben im Morgenland seinen Stern gesehen. Er zog vor uns her, und wir folgten seinem Schein. Seit ein paar Tagen aber ist er verschwunden. Da dachten wir uns, wir fragen dich, Herodes. Wo ist der Mächtige, der in diesem Land geboren worden ist?"

Plötzlich herrscht Totenstille im Thronsaal. Es ist, als ob ein großer Schreck alle erstarren läßt. Herodes wird blaß. Ein neuer König? Ein König, von dem er nichts weiß? Ist nicht er, Herodes, der König im Judenland? Er ganz allein?

Herodes schickt die Magier aus dem Saal. Kaum haben sie ihn verlassen, da läßt der König die berühmtesten Schriftgelehrten, die bedeutendsten Wissenschaftler und die klügsten Ratgeber zusammenrufen. Diese sagen ihm alles, was sie über das Kommen des neuen Königs herausgefunden haben.

Sie wissen, daß die Zeit sich erfüllt hat und daß der Messias in diesen Tagen geboren werden soll. Sie wissen aus den alten, heiligen Schriftenrollen, daß er aus dem Stamm Juda kommen wird. Sie wissen, daß er unter den Nachkommen des Königs David zu suchen ist. Sie wissen sogar, daß Betlehem die Stadt ist, in der der Messias zur Welt kommen soll. Die Männer sind belesene Priester, scharfsinnige Denker, Gelehrte, die das alles wissen. Der Junge staunt über ihre Kenntnisse. Sie wissen so unendlich viel über den, der da kommen soll. Daniel wundert sich, warum sie nicht schnell den Saal verlassen und nach Betlehem eilen, um den Messias zu finden und anzubeten. Aber nichts dergleichen scheinen sie vorzuhaben, als der König sie endlich entläßt. Herodes befiehlt, die drei Magier wieder in den Palast zu holen. Er ist sehr freundlich zu ihnen. Zu freundlich, scheint es dem Jungen. Katzenfreundlich. Er verstellt sich, denkt Daniel.

Herodes schickt die drei Weisen nach Betlehem. Sie sollen dort nach dem Kinde forschen und es ihm melden, wenn sie den Messias gefunden haben. Er, Herodes, will sich dann auch auf den Weg nach Betlehem machen und dem neuen König huldigen.

160

Die Weisen bedanken sich und brechen auf. Inzwischen ist es fast dunkel geworden. Herodes läßt die Hauptleute der Palastwache zu sich rufen. Er befiehlt ihnen, die Schwerter zu schärfen, um den zu töten, von dem gesagt wird, daß er der Messias, der neue König der Juden, sein soll. Denn er hat Angst und will selbst König bleiben.

Traurig macht sich der Junge auf den Heimweg. „Herodes ist ein böser Mann", murmelt er. Der Hund, der sonst am Abend immer im Palast bleibt, folgt ihm. Vor dem Tor senkt er die Nase zu Boden, schnüffelt, jault auf und folgt der Spur, die er gefunden hat. Der Junge will ihn zurückhalten, aber der Hund ist stärker als er. Wenn Daniel den Lieblingshund des Königs nicht verlieren will, muß er dem Tier folgen.

Bis vor das Stadttor rennt der Hund. Dort hat er die drei Magier eingeholt. Diese schauen zum Himmel und wandern auf Betlehem zu.

Da sieht auch Daniel den strahlend hellen Stern. Er versucht nicht mehr, den Hund zurückzuhalten. Sie laufen bis in die späte Nacht. Am Rande der Stadt Betlehem bleibt der Stern stehen.

Die Weisen finden in einem ärmlichen Stall ein Kind. Vor diesem Kind beugen sie sich nieder, bis ihre Stirnen die Erde berühren. Sie beten das Kind an und überreichen ihm Geschenke. Maria, die Mutter des Kindes, und Josef, ihr Mann, nehmen die Geschenke entgegen: Gold, duftenden Weihrauch und kostbare Myrrhe. Mit einem Male weiß Daniel, was das alles zu bedeuten hat. Als ein armes Kind ist der Messias auf die Welt gekommen. Da kniet auch der Junge nieder. Selbst der wilde Hund liegt ganz friedlich da, blinzelt aus sanften Augen und schlägt mit dem Schwanz. Der Junge erzählt, was er im Palast gehört hat und was für einen bösen Plan der König ausführen will.

Der lange Arbeitstag und der weite Weg von Jerusalem nach Betlehem machten Daniel müde. Er lehnt sich an die noch sonnenwarme Steinwand und schläft ein.

Als er früh am nächsten Morgen aufwacht, sind die Magier schon weitergezogen. Schnell bricht der Junge auf. Er muß pünktlich im Palast sein, sonst wird Herodes zornig.

Er kommt gerade noch rechtzeitig. Daniel findet die Weisen nicht im Palast. Er freut sich. Sie sind nicht nach Jerusalem zurückgekehrt. Sie ziehen auf einem anderen Weg in ihre Heimat zurück.

Herodes wartet voll Ungeduld drei Tage lang. Einmal hockt er sich finster auf seinen Thronsessel, dann läuft er mit großen Schritten durch den Saal, schreit die Diener an, versinkt wieder in dumpfes Brüten.

Angst breitet sich aus. Die Diener wagen nicht, miteinander zu reden, und schleichen an den Wänden entlang. Nur der wilde Hund ist wie ausgewechselt. Er springt übermütig umher, neckt die Diener und legt sich dann und wann auf den Rücken und reckt die Beine in die Luft.

„Schafft mir das Vieh für immer aus den Augen", schreit Herodes. „Es hat mich getäuscht. Den Jungen, den nehmt gleich mit. Ich will ihn nicht mehr sehen."

Ein Soldat zerrt Daniel und den Hund in den Hof. Er hebt seine Lanze und will das Tier töten. Doch der Hund drängt sich zutraulich an den Soldaten und versucht, ihm die Hand zu lecken.

„Laß ihn leben", bittet der Junge.

Der Soldat zaudert, läßt schließlich die Waffe sinken und sagt: „Gut, er soll leben, der Messiashund. Aber nimm das Biest mit und laß dich nie mehr in der Nähe des Palastes blicken!"

Das verspricht Daniel.

Ängstlich hält sich der Junge vom Palast fern.

~

Tage später hört er dann von dem furchtbaren Verbrechen. Herodes hat in Betlehem und in der ganzen Gegend alle Knaben bis zum Alter von zwei Jahren durch seine Soldaten töten lassen. Als Daniel das erfährt, da schlingt er die Arme fest um den Hals des Hundes. „Die klugen Schriftgelehrten, all die vielen

Ratgeber, ja sogar Herodes, haben doch alles vom Messias gewußt", flüstert er.

„Warum haben sie nicht geglaubt? Warum, warum haben sie nicht geglaubt?"

Es dauert Wochen, bis sich in der Stadt die Nachricht herumspricht, daß Jesus, Maria und Josef aus Betlehem auf einem Esel vor Herodes und seinen Soldaten geflohen sind, geflohen ins ferne Land Ägypten.

| # Bachstelze und Kreuzspinne

Herodes hatte längst bemerkt, daß ihm das rechte Kind entgangen war; deshalb schickte er seine Knechte immer wieder in die Lande, nach ihm zu forschen. Bis in die Wüste kamen sie. Der Schritt von Joseph und die Eselsfüße hinterließen im Sand eine deutliche Wegspur. Die Herodesknechte stießen darauf; einer rief: „Schaut hier im Sande! Das ist die Spur eines Mannes, und neben ihm ging ein Esel. Dessen Hufe sind ganz tief eingedrückt; sicher sitzt die Mutter darauf mit dem Knaben, die können nicht mehr weit sein!" Die Krieger trieben ihre Pferde zu schnellem Laufe an. Da flog hinter Joseph und Maria eine Bachstelze zu Boden. Mit schnellem Schwanze wischte sie das Sandweglein zu, daß die Zeichen von Schritt und Tritt verschwanden. Deshalb verloren die Herodesknechte jede Richtung der Fliehenden. Und sie fluchten über den Wind, der die Spur verweht habe.

Gegen Abend entdeckte Joseph eine Höhle, die sich in einem Felsen der Wüste vor ihnen aufschloß. Sie begaben sich in das Innere, um hier die Nacht zu verbringen. Es war noch nicht finster. Kaum war die Familie eingetreten, als außen am Felsen eine Spinne aus einer Spalte krabbelte und über den Eingang der Höhle ein Netz zu weben begann. Auf und ab, kreuz und quer zog sie die Fäden. Wie sie das zarte Werk vollendet hatte, setzte sie sich in die Mitte des Gewebes.

Plötzlich ließ sich in der Nähe Pferdegetrappel vernehmen; grobe Tritte kamen gegen die Höhle, und eine rauhe Stimme rief: „Dort im Felsenloche könnten sie versteckt sein; ich will schauen gehn, wartet auf mich!" Mit diesen Worten zog der vorderste Herodesknecht ein langes Messer hervor und näherte sich der Höhle. Vor dem Eingang blieb er verwundert stehen und rief zurück: „Hier können sie nicht sein; ein Spinnennetz überspannt die ganze Öffnung, und es ist kein einziger Faden gerissen. Da ist niemand drin!" Wie das die Knechte hörten, zogen sie weiter.

Am Morgen trug Maria das Kind heraus. An einer Seite des Netzes rissen ein paar Fäden; aber die Spinne blieb ruhig sitzen. Wie das Kind sie erblickte, streckte es die Hand aus und zeichnete auf ihren Rücken ein Kreuz.

Noch heute trägt die Kreuzspinne dieses Zeichen.

Und die Bachstelze? – Noch heute geht ihr Schwanz unermüdlich auf und ab, wie wenn sie gerade das Sandweglein wegwischen wollte.

Dietrich Steinwede | ### Die Legende vom Räuber Titus

Auf dem Weg nach Ägypten
kommen Josef und Maria
in eine einsame Gegend.
Räuber gibt es hier, Überfälle.
Die Gegend ist gefährlich.

Josef spricht zu Maria:
„Wir warten, bis es Nacht wird.
Dann ziehen wir hier durch.
Bei Nacht ist es nicht so gefährlich."

Aber unterwegs
in der Nacht
an der Straße:
viele Räuber, eine Bande von Räubern.
Sie schlafen.

Zwei aber schlafen nicht:
Titus und Dumachus.
Sie sehen Maria und Josef kommen.
Sie sehen das Kind.
Sie treten ihnen in den Weg.

Da sagt Titus zu Dumachus:
„Ich bitte dich,
laß diese in Frieden weiterziehen,
heimlich,
daß keiner von den andern es merkt."

„Nein", sagt der Räuber Dumachus,
„das werde ich nicht tun.
Sie sind unsere Gefangenen."

Titus spricht:
„Ich gebe dir vierzig Drachmen.
Du magst sie behalten,
wenn diese hier weiterziehen."

Und Titus nimmt seinen Gürtel ab.
Er reicht Dumachus den Gürtel:
„Da! Nimm!
Aber sei ruhig!
Kein Wort aus deinem Mund!"

Als das Maria sieht,
daß einer Gutes tun will an ihnen,
einer der Räuber,
da spricht sie:

„Gott wird mit dir sein, Titus.
Gott nimmt deine Sünde von dir."

Und Jesus,
das Kind, der Herr,
Jesus spricht zu Maria, seiner Mutter:
„Dreißig Jahre, dann kreuzigt man mich.
Dann werde ich getötet.
In Jerusalem.

Und diese zwei,
die werden mitgekreuzigt:
Titus zu meiner Rechten,
Dumachus zu meiner Linken.

Und Titus, der gute Räuber,
er wird bei Gott sein.
Er wird mir vorangehen
in Gottes Himmelsreich
– an jenem Tag."

Da spricht Maria zu Jesus, dem Kind:
„Das nicht!
Davor bewahre dich Gott,
mein Sohn."

Und sie ziehen weiter,
Maria und Josef mit dem Kind.
Unbehelligt.
Keiner hält sie mehr auf.
Auch Dumachus nicht.

Aus dem arabischen
Kinderevangelium

Silja Walter | Die große Spur

Eine Geschichte vom kleinen Jesus

Als Josef mit Maria und ihrem kleinen Jesus vor dem König Herodes fliehen mußte, war er auf dem ganzen Weg durch die Wüste besorgt, ob er wohl Arbeit und eine Wohnung fände drunten in Ägypten.

Aber alles ging gut. Schon sehr bald mußte er sich nicht mehr sorgen, Anstellung und Wohnung waren gefunden. Sie lebten nun glücklich in einer großen Stadt, am Tempelplatz, in Ramses.

Es gab viele Städte in Ägypten, und jede Stadt besaß ihren Göttertempel. Denn die Leute wußten damals noch nicht, wie es ist mit dem wirklichen Gott. So beteten sie ausgedachte Götter an.

Einer sah aus wie ein Krokodil, ein anderer wie ein Falke, ein dritter wie ein Wolf. Einer sah aus wie die Sonne, wieder einer wie der Mond. In jedem Tempel saß oder stand so eine Tierfigur oder ein Sternbild.

Die Leute kamen herein, warfen sich auf den Boden und zündeten Duftstäbchen an. Dann tanzten sie durch den Rauchschleier vor ihrem goldenen oder silbernen Gott. Das war ihr Gebet um Gesundheit, um Regen und um eine gute Kornernte. Dann kam der Priester, und sie gaben ihm Fische oder Hühner oder Geld als Opfergabe für den Gott.

Eines Tages ging eine große Aufregung durchs Land. Die Leute standen auf den Plätzen vor den Tempeln vom Morgen bis zum Abend und besprachen die sonderbaren Dinge, die da drinnen vor sich gingen. Viele schlichen auf den Zehenspitzen in die Tempelhalle, versteckten sich hinter einer Säule, um in Sicherheit zu sehen und zu hören, was geschah.

Was sahen sie? Ihr prachtvoller Krokodilgott mit dem gewaltigen offenen Rachen hatte das Maul geschlossen. Sein Kopf lag zwischen den Silberpranken, und aus den roten Riesenkugeln seiner Augen rollten Tränen. Und … was war das? Ein wunderbar süßer Gesang lief leise rundum im ganzen Tempel, immer rundum, bis er ganz voll war davon. Es sang und sang und hörte nicht mehr auf. Es sang aus den steinernen Säulen und aus den seidenen Teppichen an den Wänden, aus den brennenden Duftstäbchen und aus den Opferschalen.

Das Erstaunlichste aber war: Die neugierigen Männer und Frauen und Kinder, die sich das alles ansehen wollten, hinter den Säulen und in den dunklen Ecken des Tempels versteckt, alle hörten auf einmal: Es sang auch aus ihnen.

In allen Göttertempeln des Landes hatte sich dasselbe zugetragen. Nicht nur im Krokodiltempel. Auch im Falken- und im Sonnentempel. Der Falke schlug ständig die perlenbesetzten Flügel auf und zu, und die Sonne drehte sich ohne Aufhören im süßen Gesang rundum. Und alle Leute, groß und klein, reich und arm, wer immer es wagte, den Tempel seiner Stadt zu betreten, geriet hinein in das Singen, es sang auch in ihm.

Das Allererstaunlichste aber war: Die Menschen, die das erlebt hatten, konnten nachher nicht mehr satt werden. Sie mochten Brot, Fisch, Pasteten, Hafersuppe oder Kuchen essen, soviel sie nur konnten, sie hatten immer noch Hunger. Auch alles Trinken löschte ihren Durst nicht, kein Bier, kein Wein, weder Milch noch sonst etwas. „Es hilft alles nicht", sagten sie, „ich werde nie mehr satt. Hunger und Durst sitzen mir jetzt im Herzen."

Das war damals, als sich Josef, der Bauschreiner, mit Maria und ihrem kleinen Jesus in Ramses, einer großen Stadt, als Flüchtlinge niedergelassen hatten. Er wohnte am Tempelplatz, zuoberst in einem alten Haus, und arbeitete tagsüber auf den Schiffen, die vor Ramses im Hafen lagen, um geflickt zu werden.

Im ganzen Land Ägypten war dieser seltsame Hunger, dieser Durst ausgebrochen, und niemand wußte Rat. Die ägyptischen Ärzte kamen aus allen Städten zusammen, um zu beraten. Der König sandte seine zwei Leibärzte hin mit dem ausdrücklichen Befehl, die Ärzteversammlung müsse so lange beraten, bis ein wirksames Heilmittel gegen dieses Übel gefunden sei.

Da berieten sich die Ärzte drei Tage und drei Nächte lang. Aber am Ende stellten sie fest: Die in unserem Volke ausgebrochene Hungerkrankheit können wir uns nicht erklären. Es ist eine Krankheit des Herzens, gegen die es leider noch kein uns bekanntes Heilmittel gibt.

Das hörten die Tempelpriester, und sie sandten den Oberpriester des ganzen Landes Ägypten zum König. Dieser trat mit einer tiefen Verbeugung in den Thronsaal. Der König fragte ihn mit besorgtem Gesicht: „Was hast du mir zu melden, Oberpriester?"

„O König", sprach dieser, „es verwundert uns gar nicht, daß die Ärzte unseres Landes keinen Rat wissen gegen das große Übel der Hungerkrankheit. Wir Priester sind überzeugt, da ist ein heimlicher Gott am Werk."

„Was sagst du?" rief der König erschrocken, „ein heimlicher Gott?"

„Ja, ein großer, ein gewaltiger heimlicher Gott, der
unsere herrlichen Götter zum Weinen bringt mit seinem süßen Gesang", sprach der Oberpriester. Und es
klang so, daß man nicht wußte, war er voll Furcht oder
wütend oder stolz, weil solches in den Tempeln Ägyptens geschah.

„Was kann man da tun?" fragte ihn der König aufgeregt.

„Es gibt nur eines, o König", antwortete der Oberpriester, „man muß den heimlichen Gott suchen, bis man
ihn gefunden hat."

„Und dann?"

„Dann muß er uns sagen, was er von uns will, was für
Opfer und Gaben er wünscht, und ob wir ihm einen
Tempel bauen dürfen, in dem er huldreich unter uns
wohnen möge. Dann wird der große heimliche Gott uns
gnädig sein und das Volk von der Hungerkrankheit des
Herzens heilen."

„Ausgezeichnet", rief der König aus, und er ließ gleich
alle Gelehrten und weisen Männer seines Reiches
zusammenrufen, und er sprach zu ihnen: „Ihr kennt
doch alle Rätsel der Natur und versteht, den Kreislauf
der Sterne zu deuten. Ihr versteht die Gesetze, nach
denen Luft, Wasser, Erde und Feuer entstehen. Und in
euern Büchern findet sich alles, was man weiß von den

Göttern der ganzen Welt. Sucht mir den heimlichen Gott im ganzen Land, in allen Provinzen Ägyptens."

Da machten sich die weisen Männer auf den Weg, ritten auf Kamelen, auf Pferden, auf Eseln von Stadt zu Stadt, zogen zu Fuß durch die Dörfer am Nil und fuhren mit Schiffen den Strom hinunter bis an die Küste des Meeres. Überall suchten sie den heimlichen Gott, suchten seine Spuren auf allen Wegen, forschten nach Zeichen, die von ihm sprachen. Sie befragten Leute in Palästen und in Hütten, ob jemand unter ihnen dem heimlichen Gott schon begegnet sei.

Einer dieser Weisen begegnete eines Tages einem alten, blinden Bettler. Der saß am Tor des Krokodiltempels.

„Guten Tag, alter Mann", begrüßte ihn der Gelehrte, „du hast gewiß Hunger, oder etwa nicht?"

„Hunger? Nun ja", antwortete der Alte freundlich, „aber was macht das? Am Morgen ein Stück Brot, am Abend einen Becher Süßwein. Das bringt mir jeden Tag mein großer Freund."

„Und das reicht dir aus? Brauchst du nicht mehr zum Leben?"

„Was mir mein großer Freund bringt, genügt mir zum Leben, Herr", erwiderte der Blinde demütig und fröhlich.

„Brot am Morgen, Wein am Abend, und das jeden Tag von deinem großen Freund? Wer ist denn das?"

Der Blinde hörte viel besser als gewöhnliche Menschen. Er hob den Kopf. „Sei still", sagte er, „da kommt er." Sein ganzes Gesicht strahlte. Der Weise blickte sich um. Er sah aber niemanden. Nur ein ganz kleiner Knabe trippelte vorsichtig mit bloßen Füßchen aus der Tür eines Hauses über die Pflastersteine auf den Alten zu. Das Kind legte dem Bettler ein Stück Brot in die ausgestreckte Hand und setzte sich dann zu ihm hin, ganz nahe, als gehörten der alte, blinde arme Mann und er, der kleine Junge, zusammen. Der Kleine betrachtete ohne Scheu, mit großen, klugen Augen den fremden Gelehrten, der immer noch rundum nach dem großen Freund des Bettlers Ausschau hielt.

Schließlich dachte der Weise bei sich: Der Alte weiß nicht, was er redet. Er wird mich doch nicht zum Narren halten mit diesem kleinen Jungen hier. „Höre, alter Mann", sagte er, „wie ist es mit deinem Herzen?"

„Mein Herz, Herr, ist immer froh und ganz gesund. In allen meinen Gliedern habe ich lauter Zufriedenheit und Wohlbefinden", antwortete der Alte.

„Auch in deinen blinden, toten Augen?" fragte der Gelehrte.

„Ich verstehe nicht, was du sagst", entgegnete der blinde Mann, „meine Augen sind doch nicht tot. Im Gegenteil. Ich sehe viel besser als du selbst, mein Herr."

„Wie kannst du das wissen", fragte der Weise ärgerlich. „Du wirst dich doch nicht für blind ausgeben, wenn du sehen kannst, wie?"

Der Bettler lächelte freundlich. „Meine blinden Augen sehen dir durch die Haut, durch deine Gedanken, in dein Herz. Ich weiß, was du suchst. Du bist am richtigen Ort. Hier bei mir findest du den heimlichen Gott."

Jetzt war der Gelehrte sicher, daß der Alte nicht mehr richtig war im Kopf. Er dachte bei sich: Den heimlichen Gott, der ganz Ägypten in Aufruhr bringt, dem unsere großen Götter huldigen und der unser ganzes Volk nicht mehr satt werden läßt, will der Mensch kennen! Und er warf ihm ein Geldstück zu und ging fort.

„Jesus, wo bist du?" rief da eine Frau aus der Tür des alten Hauses am Tempelplatz. Es war Maria. Der kleine Junge kletterte eilig über die Beine des alten Bettlers und lief in ihre offenen Arme.

Als ein Jahr vorüber war, kamen alle weisen Männer von ihrer Forschungsreise nach dem heimlichen Gott im Palast des Königs zusammen. Keiner hatte eine wirkliche Spur von ihm gefunden. „Was!" schrie sie der König an, „keine Spur?"

„Reg dich nicht auf, o König", sprach der älteste unter ihnen, der bis jetzt geschwiegen hatte. „Wo immer ich hinkam, konnten sich die Leute nicht mehr satt essen. Ist denn das nicht eine Spur des geheimen Gottes?" Der König schwieg. Aber da erhob einer die Hand und wollte sprechen.

„Sprich", befahl der König.

„Es stimmt nicht, o König", sagte er, „daß niemand im Land mehr satt wird, auch wenn er ißt, soviel er kann. Ich habe neben dem Krokodiltempel einen blinden Bettler getroffen, der bekam von einem kleinen Jungen jeden Tag ein Stück Brot und einen Becher Wein. Das genügte ihm."

Alle staunten. „Sonderbar!" Der König schüttelte den Kopf. „Und sein Herz?" fragte er, „hatte das keinen Hunger, keinen Durst?"

Da gestand der Weise, der den alten Bettler und den kleinen Jesus getroffen hatte: „Ich glaube, das ist ein Narr! Er hat behauptet, mit seinen blinden Augen den geheimen Gott zu sehen. Hier, neben mir, hat er gesagt, findest du ihn. Aber da war doch niemand. Nur der kleine Junge."

182 Da sprang der König vom Thron auf und rief voll Freude: „Die große Spur, die große Spur! Wir haben die große Spur des geheimen Gottes gefunden!"

Die weisen Männer um ihn herum fuhren verwirrt und erschrocken zurück. Die große Spur? Gefunden? Was wollte der König damit sagen?

Der König aber rief: „Was starrt ihr mich an? Laßt mir sofort den alten Mann mit dem kleinen Jungen herkommen!"

Aber niemand fand den alten Mann. Nirgends wußte man etwas von dem kleinen Jesus. Josef hatte durch einen Gottesengel Befehl erhalten, Ägypten zu verlassen und zurückzukehren nach Nazareth. Er kündigte die Wohnung und die Stelle auf den Schiffen. Dann packte er alles zusammen und verließ mit Maria und ihrem kleinen Sohn Jesus still, wie er gekommen war, das große Land am Nil.

Als sie die Grenze überschritten hatten, tanzte der Sonnengott nicht mehr rundum in seinem Tempel. Der Falke schloß seine perlenbesetzten Flügel. Das Krokodil riß seinen goldenen Rachen wieder auf. Und der süße Gesang verstummte in allen Tempeln. Nur der leise Hunger und Durst, nicht zu stillen, durch nichts, blieb in den Leuten zurück bis auf den heutigen Tag. Das ist die große Spur des wunderbaren Gottes.

Aber dem Armen, dem geduldigen armen Mann am

Tempelplatz zu Ramses war er wirklich begegnet. Der kleine Jesus hatte ihm Brot und Wein gebracht. Er hatte sich zu ihm in den Sand gesetzt, um bei ihm zu bleiben, als gehörten sie zusammen.

Vielleicht durfte er mit Josef, Maria und Jesus ins Heilige Land ziehen. Wer weiß.

Walter Schmidkunz | ^{Maß}liebchen, Marien_{blümchen}

Die Heilige Familie war glücklich in die Heimat zurückgekehrt. Gottes Segen umfing sie, und Vater Joseph baute als geschickter Zimmermann ein festes Haus. Drei Jahre alt war das Jesuskind geworden. Es wollte ihm die Mutter zur Feier des Geburtstages einen Blumenkranz flechten, aber es gab nirgends Blumen, die sie hierfür verwenden hätte können, denn es war ja mitten im Winter, tiefer Dezemberschnee deckte Felder und Fluren, und künstliche Blumen aus Papier oder bunten Stoffen gab es in dem kleinen armseligen Nazareth nicht.

So versuchte Maria selbst ihre Kunstfertigkeit. Aus Leinenabfällen, aus Stoffschnitzeln und Seidenfäden flocht und stickte sie allerlei zierliche Blümchen, große und kleine, wie es der Sinn ihr eingab. Eines von diesen Pflanzengebilden geriet besonders prächtig, denn sie hatte dazu ein Stückchen von der schweren, goldgelben Seide genommen, die noch von einem Prachtgewand des Königs David, Marias Urahn und Stammvater, herrührte, und hatte den Rand mit dicken Fäden aus schlohweißer Seide besetzt. O weh! – dabei hatte Maria sich mit der Nadel in den Finger gestochen, daß das rote Blut heraussickerte und ein perlender Tropfen auf die

186

weißen Seidenspitzen fiel und sie durchtränkte, daß sie
rosig schimmerten.

Am Weihnachtstage war der Blumenkranz fertig, und
Maria flocht ihn dem Jesuskind ins dunkle Haar. Und
Jesus freute sich gar sehr über die wunderzierlichen
Blümchen, ganz besonders aber gefiel ihm der gelb-
weiße Blütenstern mit den rosaroten Spitzchen, den der
Mutter Fingerblut gerötet hatte. Solange der Winter
währte, bewahrte er die Blumen sorgsam auf wie einen
kostbaren Schatz, und nur an den Sonntagen ließ er sich
den Kranz um die Stirne legen.

Als nun der Lenz ins Land gezogen kam, nahm das Kind aus dem Geflecht den weißgoldenen Stern, der seine Lieblingsblume geworden war, heraus und pflanzte ihn ins freie Land, damit er Sommer und Winter fortblühe. Wunderschön, ganz wie ein erdgewachsenes stand das Blümchen im allerersten Frühlingsgrün. Und Jesus holte seinen Goldbecher, den ihm die Heiligen Drei Könige aus dem Morgenland geschenkt hatten, lief zum Brunnen, schöpfte Wasser und begoß es und hauchte die Sternblume mit seinem göttlichen Atem an – und da schlug sie Wurzel und ward zur lebendigen Pflanze, wuchs und gedieh und trieb Blüten und Blättchen.

Und der Wind trug von Nazareth aus ihre Samenkörner in alle Welt. Aus jeder Wiese und aus jedem Feld hebt

nun der weißgelbe Stern sein lachendes, strahlendes Köpfchen, kaum daß der letzte Schnee im Tauwind geschmolzen ist, und leuchtet unverdrossen jahrdurch bis zum spätesten Tage im Herbst. Die Menschen lieben die treue, immerfrohe Blume über alle Maßen und nennen sie drum Maßliebchen oder, zum Gedenken an die schöne Geschichte ihres Entstehens, Marienblümchen.

Ein Christusmärchen aus Deutschland

Quellenverzeichnis

S. 14   Josef Guggenmos „Warum es keine Weihnachtslärche gibt"; aus: „Ein Elefant marschiert durch das Land"; © 1968 Georg Bitter Verlag, Recklinghausen

S. 20   Otfried Preußler „Winterfreuden"; aus: „Hörbe und sein Freund Zwottel"; © 1963 K.Thienemanns Verlag, Stuttgart

S. 23   Winfried Wolf „Der kleine Nikolaus"; aus: „Hat der Fuchs auch eine Großmutter?"; © Ravensburger Buchverlag Otto Maier GmbH

S. 26   Regine Schindler „Der Nikolaus vom Eiger"; © bei der Autorin

S. 34   Erwin Moser „Die Weihnachtsmäuse"; © beim Autor

S. 41   Lisbeth Kätterer „Die Weihnachtskatze"; aus: „Rahel, die kleine Bettlerin"; © 1983 by Blaukreuz Verlag, Bern

S. 49   Irina Korschunow „Steffi feiert Weihnachten"; aus: „Steffis roter Luftballon"; © 1978 by Edition Benziger im Arena Verlag, Würzburg

S. 51   Karl Springenschmid „Michels Weihnachtsgeschenk"; © Herma Springenschmid

S. 57   Regine Schindler „Der verschwundene Tannenbaum"; aus: „Auf der Straße nach Weihnachten"; © Verlag Ernst Kaufmann, Lahr

S. 61   Winfried Wolf „Eine Weihnachtsgeschichte"; aus: „Hat der Fuchs auch eine Großmutter?"; © Ravensburger Buchverlag Otto Maier GmbH

S. 64   Masahiro Kasuya „Der allerkleinste Tannenbaum"; © 1980 für die deutsche Ausgabe: Friedrich Wittig Verlag, Hamburg

S. 69   Josef Guggenmos „Schnee im Dorf"; © beim Autor

S. 71   Margret Rettich „Die Schlüsselgeschichte"; aus: „Wirklich wahre Weihnachtsgeschichten"; © 1976 by Annette Betz Verlag im Verlag Carl Ueberreuter, Wien-München

S. 77   Eveline Hasler „Die Weihnachtsschlacht"; © bei der Autorin